故事的镜

林乾良
胡　强
著

浙江古籍出版社

图书在版编目（CIP）数据

铜镜的故事 / 林乾良，胡强著. -- 杭州 : 浙江古籍出版社，2024.9
ISBN 978-7-5540-2970-1

Ⅰ．①铜… Ⅱ．①林…②胡… Ⅲ．①古镜－铜器(考古)－中国－通俗读物 Ⅳ．①K875.24-49

中国国家版本馆CIP数据核字(2024)第098263号

铜镜的故事
林乾良　胡强　著

出版发行	浙江古籍出版社
	（杭州市环城北路177号　电话：0571-85068292）
网　　址	https://zjgj.zjcbcm.com
责任编辑	石　梅
责任校对	吴颖胤
装帧设计	吴思璐
责任印务	楼浩凯
照　　排	杭州立飞图文制作有限公司
印　　刷	杭州佳园彩色印刷有限公司
开　　本	787 mm×1092 mm　1/32
印　　张	5.5
字　　数	100千字
版　　次	2024年9月第1版
印　　次	2024年9月第1次印刷
书　　号	ISBN 978-7-5540-2970-1
定　　价	29.80元

如发现印装质量问题,影响阅读,请与本社市场营销部联系调换。

序：镜奴说铜镜

自拙作《印章的故事》由浙江古籍出版社推出以来，颇蒙海内外读者推爱，遂又撰此书。

我自幼兴趣广泛，热心收藏，每以藏品促进学术研究与艺术创作。2013年，我梳理自己的成果，共有13项，遂自号"医通""印迷""镜奴""瓷庐""邮趣""书山""画海""甓癖"……

为何自号"镜奴"？"奴"字看起来扎眼，但前贤中不乏以"奴"为号者。如清代赵之谦曾经刻了方"印奴"印送其友魏稼孙。您看：我经年筹钱以购镜，到处访求有文化内涵的古镜，翻遍古今资料以研镜，广交镜友以互通信息，岂非终日因镜而劳瘁？号为"镜奴"，真不为过。

2011年秋，我曾从自己的藏镜中精选出188面历代铜镜付拍，办了一场"浙江中财2011秋拍：千镜斋精品铜镜专场"。2014年，我的镜学专著《镜文化与铜镜鉴赏》在西泠印社出版社出版。日月荏苒，如今又是十多年过去，我愿以此书敬祝海内外镜友像铜镜一样灿烂多彩、圆满吉祥！

目录

第一章
镜文化
/ 1

1. 齐家文化——七角星纹镜 / 2
2. 世界两大镜系 / 3
3. 铜镜之功能 / 5

第二章
先秦铜镜
/ 9

1. 商多圈凸弦纹镜 / 10
2. 商平行线纹镜 / 11
3. 西周鸟兽纹镜 / 12
4. 战国雷电纹镜 / 14
5. 战国四山镜 / 16
6. 战国四龙镜 / 18
7. 战国四凤镜 / 20
8. 战国饕餮纹镜 / 22
9. 战国金银错虺龙镜 / 24

第三章
秦汉铜镜
/ 25

1. 秦蟠螭纹镜 / 26
2. 秦雷纹七弧镜 / 27
3. 汉心思君王镜 / 28
4. 汉与天相寿镜 / 30
5. 汉四虺镜 / 31

6. 汉鱼头四虺镜 / 32

7. 汉草叶日光镜 / 33

8. 汉大乐蟠螭镜 / 35

9. 汉内清镜 / 37

10. 汉重圈内清镜 / 38

11. 汉神龙镜 / 40

12. 汉阳乌伏兽神龙镜 / 41

13. 汉好哉神龙镜 / 43

14. 汉驺氏神龙镜 / 45

15. 汉龙虎交媾镜 / 46

16. 汉田氏龙虎戏鸟镜 / 47

17. 汉尚方龙虎对嬉镜 / 48

18. 汉五铢飞轮龙虎镜 / 49

19. 汉神虎镜 / 51

20. 汉博局日光镜 / 53

21. 汉善铜博局镜 / 55

22. 新善铜博局镜 / 57

23. 汉黍之始博局镜 / 59

24. 汉黍言博局镜 / 61

25. 汉善佳博局镜 / 62

目 录

26. 汉八瑞博局镜 / 64

27. 汉视珠昭明博局镜 / 66

28. 汉韩众博局镜 / 67

29. 汉神人车马镜 / 69

30. 汉瑶池宴乐镜 / 71

31. 汉仁大吉神兽镜 / 73

32. 汉天马神兽镜 / 74

33. 汉吴王子胥故事镜 / 76

34. 汉玉女作昌镜 / 78

35. 汉天上宫阙镜 / 80

36. 汉王氏小丑仙人镜 / 82

37. 汉韩师作贞夫故事镜 / 84

38. 汉尚方博局十二鸟镜 / 86

39. 汉四虺十二鸟镜 / 88

40. 汉黄羊龙凤镜 / 89

41. 汉双雷电纹镜 / 90

42. 汉星云镜 / 91

第四章
隋唐镜
/ 93

1. 隋十二生肖镜 / 94

2. 唐飞龙抢珠镜 / 96

3. 唐真子飞霜镜 / 97

4. 唐双鹊含蜻鸳鸯镜 / 99

5. 唐四海马镜 / 100

6. 唐万字镜 / 102

7. 唐团花镜 / 104

8. 唐打马球镜 / 106

9. 唐王子乔吹笙引凤镜 / 108

10. 唐月宫镜 / 110

11. 唐五行八卦十二支镜 / 112

12. 唐荣启奇三乐镜 / 114

13. 唐海兽葡萄镜 / 115

第五章
宋辽金镜
/ 117

1. 宋林和靖诗意镜 / 118

2. 宋具柄八字回文镜 / 120

3. 宋钱塘徐家镜 / 121

4. 宋唐明皇游月宫镜 / 122

5. 宋张羽煮海镜 / 124

6. 宋柳毅传书镜 / 126

7. 宋赣州铸钱监铸镜 / 128

8. 宋李贤造双龙镜 / 130

9. 宋海舶镜 / 131

10. 宋玄武镜 / 133

11. 宋天师捉鬼镜 / 134

12. 宋吴牛喘月镜 / 136

13. 宋连生贵子镜 / 138

14. 宋许由巢父镜 / 139

15. 金八仙过海镜 / 141

16. 宋王质观弈镜 / 143

17. 宋蹴鞠镜 / 145

18. 宋气功镜 / 147

19. 宋谜语镜 / 148

第六章
元明清铜镜
/ 149

1. 元福禄寿镜 / 150

2. 元戏台人物镜 / 152

3. 明人物多宝镜 / 154

4. 明薛敬山圆柱平顶镜 / 156

5. 明隆庆王云川镜 / 158

6. 明万历辛卯镜 / 159

7. 明准提菩萨刻像镜 / 160

8. 明五子登科镜 / 161

9. 清乾隆博局镜 / 163

10. 清五福捧寿镜 / 165

第一章
镜 文 化

以铜为镜,可以正衣冠。从在"齐家文化"等新石器时代文化遗址中发现铜镜开始计算,我国已有四千多年的铜镜文化历史。铜镜直观体现了所处时代的铸造工艺和审美意趣,是中华文化的重要物质载体。

1. 齐家文化——七角星纹镜

20世纪70年代，青海贵南尕马台齐家文化遗址M25号墓葬中出土了一面七角星纹镜。此镜距今已有四千余年历史，是迄今为止中国境内出土年代最早的几枚铜镜之一。直径8.9厘米，镜系圆形。镜背中心为凸起的圆形钮。后来的铜镜，钮中均有对穿孔，借以穿进系镜的带子。此镜之钮有损。钮之外，有一圈凸起的钮座。镜背的外缘有两圈凸弦纹，并压此钻出两小孔，借以穿带。主纹饰在外圈与钮座之间，为七角星。角与角之间饰以斜线纹。这种斜线纹，也可以视作"地纹"。

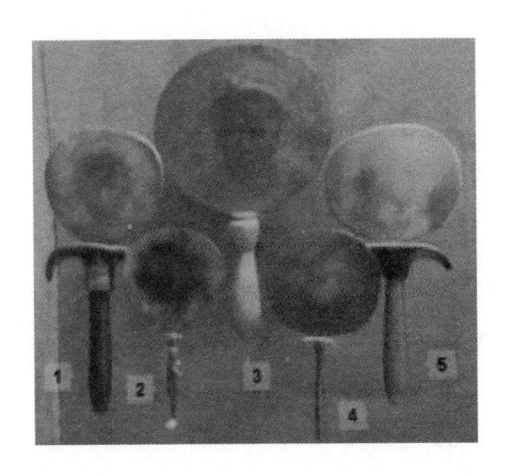

2. 世界两大镜系

世界之镜文化分东西两大系：东方系为圆板具钮镜系，以中国为代表；西方系为圆板具柄镜系，以埃及、希腊为代表。

关于西方镜系，兹以埃及为例。附图系埃及新王国时期的五面铜镜。该时期所处的时间，在公元前1553—公元前1085年，大约在我国的商朝时期。这类铜镜中虽有镜柄与镜体一体铸造者，但多数是只铸镜体，后装木质或其他材质镜柄。

中国铜镜以无柄者占绝大多数，宋、元、明间也有

少量具柄者，必定是镜体与柄一道铸成。因其铸造精工、纹饰华美，自古受人宝爱。镜子上的图像，天上人间，无所不容；植物、动物、天上飞翔、水中潜游，应有尽有，真是大千世界的缩影。关于古铜镜的收藏，自宋朝王黼《博古图》始，遂成专学。数千年来，地不爱宝，每有所出，即为好事者珍藏。古铜镜不但为国人所重，好之者实遍布五大洲。铜质以外，还有少量铁镜，古文献如宋初《太平御览》即有记载，现代考古也曾于河南、浙江、陕西等地之墓葬中有发现。极少数宋镜铭文称"铁镜"，其实材质仍以铜为主。

今思：铜镜虽小，然包罗万象。今之研究历史、考古、政治、经济、科学、艺术、民俗、宗教等，无不与它有关。虽属青铜收藏中之小类，亦颇为可观。

3. 铜镜之功能

铜镜具有众多功能，如照容窥妆、清明正心、祈福迎瑞、辟邪镇宅、爱情信物等。

照容窥妆，无疑为铜镜之第一功能。爱美，人之天性也。先人创镜以为照容窥妆之用。铜镜尺寸以直径十几厘米者为多，其特小者（7.5厘米以下）称为"手镜"或"眉镜"；其特大者，直径可达30厘米以上，如《太平御览》引《东宫旧事》："皇太子纳妃，有着衣大镜尺八寸。"照容窥妆功能也体现在铜镜的铭文中，如汉镜铭文"清冶铜华以为镜，照察衣服观容貌"，唐镜铭文"容

光应现""窥妆益态""窥妆起态""睹貌娇来"等。

清明正心,为照容窥妆功能之引申,当为其第二功能。古时官衙之正堂上,每见匾额大书"明镜高悬",即谓为官者之清正廉明也。《尚书帝命验》有"桀失其玉镜",郑玄注:"镜喻清明之道。"再征之镜铭,汉镜中如"内清质以昭明",唐镜中如"貌有正否,心有善淫,既以鉴貌,亦以鉴心"等,均有清明喻世之意。

祈福迎瑞,为铜镜之第三功能。考之镜铭,汉镜中既多"君宜高官""家常富贵""延年益寿""昌乐未央"之词,又多"五谷成熟天下安""四夷服""国家人民息"诸语;明清镜中,亦多"五福双喜""四喜""福寿双全""国泰民安"等吉语。其实,中国铜镜在肇始期即呈圆形,且后世仍以圆形为主,也含有祈福之意。盖圆形含为团圆、圆满之义也。三代、秦汉并魏晋、六朝之时,崇信祥瑞,举凡天文、山川之奇象,植物、动物之异变,多可属之。东汉多四神镜,四神即青龙、白虎、朱雀、玄武,四方之神也。镜铭中每见"左龙右虎掌四旁,朱雀玄武顺阴阳。子孙备具居中央,长保二亲乐富昌"之类,悉迎瑞之辞。

辟邪镇宅,为铜镜之第四功能,古籍述及此者甚多。《抱朴子·内篇》称:"万物之老者,其精悉能假托人形,以眩惑人目而常试人,唯不能于镜中易其真形耳。是以古之入山道士,皆以明镜径九寸已上悬于背后,则老魅不敢近人。"《西京杂记》亦记有"照见妖魅"之镜。缘此，照妖镜之故事屡见于说部。镜铭中每有"辟不祥"之语。镜之所以能辟邪，自与其上所铸之图文有关，即仙人、瑞兽、博局、卍字、八卦等，悉具相当威力。道士驱魔时，每以镜为道具，笔者儿时尚屡见之。在玻璃镜通行以后，小铜镜（多饰神仙、八卦类图案）还沿用了多时，此类铜镜多高悬于门楣上，其功能自属辟邪镇宅。

爱情信物，为铜镜之第五功能。新婚者，多以新镜为聘礼或嫁妆，亲友馈赠中亦每有之。汉镜铭文中有"二姓好合""夫妻相喜""长相思，毋相忘"等。至于"君有行，妾有忧。行有日，返无期。愿君强饭多勉之，仰天太息长相思"镜，盖妻子赠郎远行之物也。唐镜铭文中有"花含并莲""韵舞鸳鸯""鸾舞双情""宜看巾帽整，妾映点妆成"等。"破镜重圆"即比喻夫妻失散后得以重新团聚，或者感情破裂后得以重归于好。

还有不少铜镜铭文与子嗣有关，如汉镜铭文"宜子""子孙昌""长宜子孙""八子九孙"等，明清镜铭文"五子登科""喜生贵子"等。

第二章

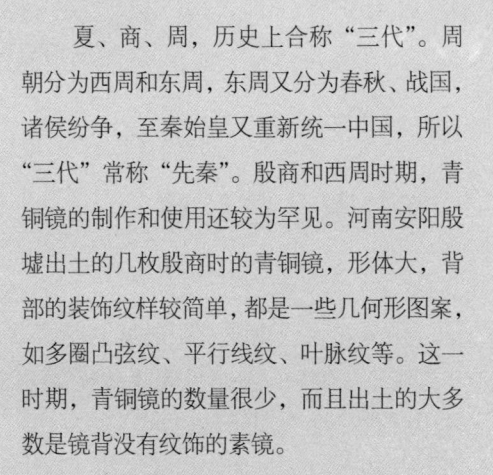

先秦铜镜

夏、商、周,历史上合称"三代"。周朝分为西周和东周,东周又分为春秋、战国,诸侯纷争,至秦始皇又重新统一中国,所以"三代"常称"先秦"。殷商和西周时期,青铜镜的制作和使用还较为罕见。河南安阳殷墟出土的几枚殷商时的青铜镜,形体大,背部的装饰纹样较简单,都是一些几何形图案,如多圈凸弦纹、平行线纹、叶脉纹等。这一时期,青铜镜的数量很少,而且出土的大多数是镜背没有纹饰的素镜。

到了东周时期,大量铸工精美的青铜镜如雨后春笋般涌现出来。东周青铜镜主题纹饰图案有蟠螭纹、山字纹、菱纹、禽兽纹、花叶纹、羽麟纹、连弧纹等,还采用透雕、金银错和彩绘等手法以增强装饰效果。

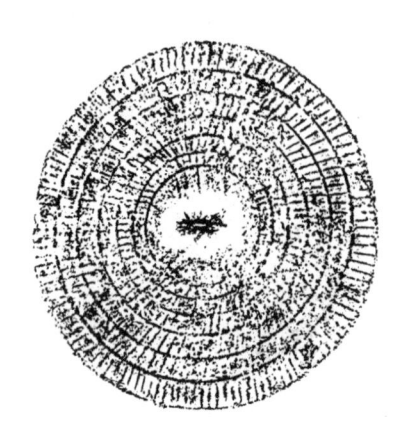

1. 商多圈凸弦纹镜

1976年,河南省安阳殷墟,在地下沉睡了三千多年的武丁王妻妇好墓重见天日。妇好墓出土了大量文物,其中就有一面"多圈凸弦纹镜"。

此镜直径11.8厘米,弓形钮,圆钮座。镜面微凸,以钮为中心,饰以同心圆6周,周间铸有密排的短直线,形成向外放射的光芒纹饰。将它同齐家文化的七角星纹镜对照,不难看出这两面铜镜都带有中国古人对太阳崇拜的痕迹。圆象征太阳,七角星形和光芒纹饰为阳光。有些学者认为这类铜镜是远古时用于祭祀的祭器。

先秦铜镜

2. 商平行线纹镜

1934年,安阳侯家庄1005号墓出土了一面"平行线纹镜"。该镜圆形,弓形钮。钮长3厘米,无钮座。镜面直径6.7厘米。镜面稍凸,内区中心圆面分为均匀的四等分,每一部分饰长短不一的凸线10条。每一部分的凸线互相平行,相邻的两个部分则互相垂直,如是形成了既对称又有灵活变化的艺术效果。镜边饰凸弦纹2周,两周弦纹相距0.8厘米,弦纹间填以节状凸弦纹34条。

3.西周鸟兽纹镜

鸟兽纹镜是一类以神话动物或真实动物形象为主纹的铜镜。1957年河南三门峡市上村岭虢国墓地1612号墓出土一面西周晚期青铜镜,打破了齐家文化到商代铜镜纹饰单一、以几何纹和放射状纹为主的纹饰特点。此镜直径6.7厘米,镜面平直。镜背中间有两个平行的弓形钮,钮的四方各饰一动物纹饰。其上方为鹿纹,角和尾都很长。下方是展开双翅的鸟纹,其双翅与尾都用弦纹装饰,很像儿童画。鹿和鸟体型都较小。左右两边为对称的猛虎,体型较大。笔画粗犷,纹饰古朴而不失生动。

先秦铜镜

该镜上出现的动物纹饰与出土的同时期青铜礼器纹饰图案有着显著差异,使得这面鸟兽纹镜成了西周铜镜中的珍品。若以童趣盎然论,古镜之中当以此镜为第一。

4. 战国雷电纹镜

雷电纹出现于新石器时代晚期，在商朝陶器中时有所见，多见于商代和西周青铜器上，到了春秋战国时期仍见沿用。雷电纹常作为青铜器上纹饰的地纹，由连续的"回"字形线条构成，用以烘托主题纹饰。也有单独出现在器物颈部或足部的。比较流行的观点是，雷电纹属于自然物象纹，源于古代先民对雷电的细腻观察，是对自然现象的摹仿，表达了人们对雷电的崇拜与敬畏。

此外，还有人认为这种纹样起源于水流的漩涡、蜗牛的贝壳、植物的蔓藤、动物的螺旋状角、人类的指纹等，种种说法，不一而足。在粤系的铜鼓上，雷电纹是作为主导纹饰应用的，常见密布于鼓面中心太阳纹的周围，象征太阳与雷电共存于天际，这是南方民族对雷电崇拜的一种反映。

这面战国镜直径13.8厘米。三弦钮，双弦纹圆钮座。中置两条明显高起之绞绳纹，非常罕见。此镜主纹为雷电纹，雷纹呈涡状或卷云状，较紧密，约5圈；其外之三角形对错纹即电之象形，呈"申"字状。纹饰极细腻。此类纹饰，旧称"云雷纹"。圆卷形者，既似云也似雷；但对嵌于其中的三角形对错纹，似不宜以"云雷"命名。其实，此纹是甲骨文中"电"字之变体，象征闪电。有关这一点，笔者在廿年前就提出来了，后收入拙作《镜文化与铜镜鉴赏》中。

5. 战国四山镜

四山镜是盛行于战国时期的典型铜镜，主体纹饰为四个"山"字，故名。另外还有三山、五山、六山等类型的山字镜。有关山字镜的研究，不仅在中国专家学者中盛行，外国专家学者亦有参与，比如著名的汉学家高本汉、梅原末治等，都曾就山字镜发表独到见解，山字镜的研究已成为国际性学术课题。有学者认为"山为国界"，也有学者认为"山"字是青铜器上勾连雷纹的变形。日本学者驹井和爱在《中国古代铜镜的研究》中则提到："山"在古代有岿然不动、巍峨壮观等寓意，如同"福""禄""寿""喜"等字一样，寓意安定、稳固、吉祥。

此镜圆形，直径13.4厘米，三弦钮，方钮座，外围凹面带一周。镜钮座四角各伸出一片桃形叶子，叶尖微微翘起，并有狭带向上伸展，靠近边缘处再各连接一片相同的桃形叶，这样就将镜背分成四等分，主纹"山"字均匀地分布在每一等分内。四个"山"字均右旋。地纹为羽状纹，填在主纹空隙处。该镜以质薄器轻的形制、典雅华丽的纹饰、匠心独运的工艺见长。镜面纹路运用了战国时期初步发展的数学角度概念，使得"山"字纹饰充满了神秘气息。此镜于湖南长沙沙湖桥第59号墓出土。

6. 战国四龙镜

龙是东亚神话传说中的神异动物,为百鳞之长。龙在传说里有多种类型,共同特点是身躯长、有角、眼睛突出、嘴边有长须、四只爪子、鳞片大、叫声如牛等。有称龙的形象特点是"九似":角似鹿、头似驼、眼似兔、项似蛇、腹似蜃、鳞似鱼、爪似鹰、掌似虎、耳似牛。

龙是中华民族最具代表性的文化象征之一,常被视为祥瑞,不同于西方的恶龙 Dragon。东方以龙为神、善、祥;西方以龙为魔、恶、祸。2024年是龙年,关于龙的话题很多,我们可以发现,中央电视台英语频道已将

"龙"称为"Loong",而不是"Dragon"。

战国是中国铜镜史上第一个高峰,龙纹开始成为铜镜重要纹饰。战国龙纹铜镜铸工之精美、样式变化之繁复,为后世所难及。上海博物馆藏的此面圆形铜镜直径14.2厘米,三弦钮,外围有宽弦带。主纹为4条相互分离的单体龙,以钮为中心同向排列。龙相互追逐,腾跃飞翔;龙头反顾,身躯呈"S"形弯曲,体腹生发花枝般龙翼;尾细长且曲,附燕尾花蒂。给人以丰富多姿、生命力旺盛之感。

铜镜的故事

7. 战国四凤镜

早期人类社会生产力低下，人们在严酷的自然环境里生存，对自然界充满幻想、憧憬乃至畏惧，崇拜各种自然或超自然力量，这就是图腾和鬼神产生之社会基础。鸟图腾崇拜多和太阳崇拜相联系。广为人知的三足乌，原本就是"日中阳乌"。中国文化遗产标志所采用的四川金沙"太阳神鸟"金饰图案，也是四只神鸟围绕太阳旋转飞翔的造型。这种对太阳和鸟的双重崇拜，促生了中国文化中的一个重要形象——凤凰。

新石器时代陶器上的很多鸟纹是凤凰的雏形。1977

年，在距今7000年的河姆渡文化遗址出土了"双鸟朝阳纹象牙碟形器"。这件器物两侧各有一展翅欲飞的凤鸟，圆眼，钩喙，伸颈昂首相望，拱卫着中间的太阳，形象地反映了先民对鸟和太阳的崇拜。河姆渡凤凰曾被考古界认为是中国最早的凤凰图案。

此镜直径9.6厘米，圆形，三弦钮。外围凹面环带，素卷边。地纹为细密的双线勾连雷纹。其上有对称的四凤绕钮排列，凤身呈涡状弯卷，凤头居中，圆眼钩喙；双翅展开，凤尾分叉，向两旁伸长卷曲；凤的一足伫立，一足轻抬，似小憩。地纹繁密清晰，主纹舒展优美，体现了极高的艺术情趣，观之赏心悦目。

铜镜的故事

8. 战国饕餮纹镜

饕餮是一种想象中的神秘怪兽。这种怪兽没有身体,只有一个大头和一张大嘴,十分贪吃,见到什么吃什么。有人称它是龙的第五个儿子。世俗认为它十分凶猛,可以辟邪祛恶。中国古代大门上的"铺首含环",据说也是它的一种变化。

饕餮纹这种纹饰最早出现在长江下游地区的良渚文化玉器上,在二里头遗址的青铜器上也有出现。商周两代的饕餮纹类型很多,有的像龙、像虎、像牛、像羊、像鹿;还有的像鸟、像人。饕餮纹这个名称并不是上古就有的,而是首见于宋代的《宣和博古图录》。

这面战国饕餮纹镜圆形,三弦钮,无钮座,以细线云雷纹为地纹。主纹为两组饕餮纹,用较粗的凸起线条勾出双目、粗眉、大鼻,以钮为中心,上下对称。素宽缘边。此镜饕餮纹的构成,与河北易县燕下都遗址出土的饕餮纹半瓦相似。

9. 战国金银错虺龙镜

金银错镜，是一种将金丝、银丝嵌入铜镜背面做纹饰的镜子。制作精细，金银色泽光亮，构成的图案亦光彩熠熠。金银错工艺在春秋晚期、战国初期已施用于青铜器上，战国中期则广为流行。

虺指毒蛇。《述异记》载："虺五百年化为蛟，蛟千年化为龙。"这面战国铜镜又名金银错蟠龙纹镜，直径约20厘米，小纽，圆钮座，在钮座与边缘之间有六条正反"C"形的虺龙缠绕，龙体有金银错花纹，边缘为一交叉涡纹带。此镜相传于洛阳出土，现已流失海外。

第三章

秦汉铜镜

秦始皇统一六国后,建立中央集权的国家。虽然秦代铜镜在技术上没有大的突破,但在形制、观念等方面却为后世开创先河,起到了承前启后的作用。

汉代是中国铜镜制作的一大鼎盛时期。汉代铜镜式样丰富,制作精巧,艺术水平极高。其品种主要有龙虎镜、博局镜、画像镜、神兽镜、日光镜等。其纹饰有人物、动物、花草及文字等。

铜镜的故事

1. 秦蟠螭纹镜

螭纹最早见于商周青铜器上，和龙纹非常接近，故又有"螭虎龙"之称，尾部有拐子型和卷草型之别。若就细部而言，螭的头和爪已不大像龙，而吸取了走兽的形象，身躯亦不刻鳞甲，体态有肥有瘦，可以相差悬殊。螭纹的图案设计，比龙纹有更大的自由。用螭纹来装饰长边，充填方块，蜷转圆弧，皆可熨帖成章。正因如此，它才成为最常见的纹样题材，有蟠螭、团螭、双螭等多种形态。

此镜直径8.3厘米，三弦钮，地纹为多圈卷云状之雷纹，主纹为双钩之蟠螭纹。

秦汉铜镜

2. 秦雷纹七弧镜

连弧镜主要流行于战国和汉代。战国连弧镜背面以弧线或凹面宽弧带连成圈，作为主纹。弧数有六至十六等多种，以八弧最为常见。

此镜直径7.5厘米，风格介于战国与秦汉之间，主纹为七条弧形带，地纹为多圈卷云状之雷纹，颇为罕见。观者如果将整个镜体想象成天宇，似乎能看到神秘诡谲的风云变幻，能听到远古传来的隐隐雷声，仿佛穿越到了传说中天地初开时那种"混沌"状态！

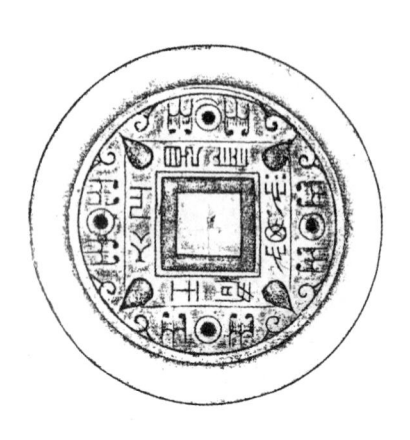

3.汉心思君王镜

西汉刘向的《说苑》中记载了这样一个故事:春秋时,楚康王的弟弟子晳曾乘舟出游,为他操舟的是位越人,用越地方言对子晳唱了一支歌:"今夕何夕兮,搴舟中流?今日何日兮,得与王子同舟?蒙羞被好兮,不訾诟耻。心几烦而不绝兮,得知王子。山有木兮木有枝,心悦君兮君不知。"这便是著名的《越人歌》。

歌中唱出了越人对子晳那种深沉真挚的爱恋之情,歌词委婉动听,是古代楚越文化交融的结晶和见证。其中"山有木兮木有枝,心悦君兮君不知"一句最为经典,后来《楚辞》中的"沅有芷兮澧有兰,思公子兮未敢言",被认为是借鉴了此歌的修辞手法。

故宫博物院收藏的这面西汉时期的心思君王镜,其铭文明显受到《越人歌》的影响。其方形钮座与边缘之间每边二字,合在一起为"天上见长,心思君王"。此镜直径8.8厘米,钮座四角出叶片,乳钉两旁各配草叶。

据记载,清中期学者洪亮吉以收藏古镜为乐。他曾收到一枚铜镜,背铭"天上见长,心思君王",铭文凄婉哀怨。在消寒会上,他便以这八个字为韵分与众人赋诗。洪亮吉所藏古镜当与故宫这面同款。不过,古镜铭文中的"君王"并不特指国君,其实可以指镜主人牵挂的任何一名"心上人"。

4. 汉与天相寿镜

汉代镜铭吉语内容丰富，就文辞区分，可分为吉祥类、长寿类、富贵类、安乐类、子孙蕃昌类、官秩类以及家国类等七种类型。镜铭吉语承载了丰富内涵，折射出汉民族绚丽多姿的文化形态，既表现了人们祈求福寿、富贵等的普世幸福观，同时又反映了汉代人特定的民俗文化。

此镜直径12.6厘米，内区铭文"与天相寿，与地相长。富贵如言，长毋相忘"。镜主人之美好愿景，一目了然！

秦汉铜镜

5. 汉四虺镜

在古镜命名中,向有螭、虺混称之现象。故陈灿堂在《西汉龙纹镜》中提到:"对于龙头与龙爪而言,凡两者皆明显者称'龙',凡头部明显而爪部模糊者称'螭龙',凡两者模糊者称'螭',凡两者不现者称'虺'。"

此镜直径 9.7 厘米,圆钮,圆形钮座,钮座外有对称四乳,四乳之间环绕四虺形纹饰。四虺身躯呈"S"形,身躯两侧各有一鸟纹。有研究者称虺、鸟分别为龙、凤的雏形。

6. 汉鱼头四虺镜

此镜直径 8.5 厘米,圆钮,圆形钮座,主纹为四虺。四虺的头部均已变为鱼头,鱼头上的二目、一嘴十分清晰。四虺身体仍为"S"形。"虺五百年化为蛟,蛟千年化为龙",故虺亦可视为小龙。鱼可以跃过"龙门",登天成龙。那么,龙在幼小的时候长着一张鱼嘴也就无可非议喽!

秦汉铜镜

7. 汉草叶日光镜

此镜直径10.9厘米，圆钮，四叶纹钮座。钮座外为大方格铭文带，錾"见日之光，天下大明"8字。方格四角外侧各伸出一组双瓣状花枝纹。方格外侧每边中间置一乳钉，乳钉两侧饰有草叶纹。内向十六连弧纹缘。

草叶纹镜主要流行于西汉前期和中期。镜背纹饰包括草叶、苞花。圆镜喻天，方钮座代表地。四乳钉代表支撑天地的柱子，镜钮代表天地中心。"草叶纹"，笔者认为是麦穗花纹，反映了古代中国以农立国的历史。

中国铜镜铭文始于秦，在汉武、昭、宣三朝最为盛

行。本镜铭文"见日之光,天下大明",前一句是赞美镜质之佳,能迎日照容;后一句则是寄托人们对生活的美好愿望。

秦汉铜镜

8. 汉大乐蟠螭镜

此镜圆形，直径 18.3 厘米，三弦纹钮，伏螭（双龙）钮座。钮座外围两个双线圆圈带，两个圆圈带中间有铭文"大乐富贵，千秋万岁，宜酒食"。"食"和"大"之间有一小鱼纹。"鱼"与"余"谐音，又是美味的食品，还有"多子"的象征，是吉祥之物。圆周外为主纹饰带：四枚草叶纹呈"十"字形分布，其间为四组蟠螭纹，蟠螭躯体勾连缠绕。

西汉前期是汉立朝和鼎盛发展时期。此时期铜镜所反映的是自然、质朴、健康的生活情趣，出现了"见日

之光，天下大明""见日之光，长乐未央"，以及"居必安""乐酒食""美人会"等镜铭，反映了乐天向上的社会心态和不避世俗享乐的开放胸襟。这面大乐镜就更直白了,直接喊出了要"大乐富贵",最好能"千秋万岁"！

9. 汉内清镜

此镜直径 10.2 厘米，圆形，钮座外圆圈带中间有铭文："内清质以昭明，光辉象夫日月，心忽而忠，雍塞不泄。"由于铭文中有"昭明"等字，旧时称为"昭明镜"。其中"昭"字通"照"字，因此铭文主要是夸镜子光辉灿烂的。笔者取铭文开头两字，称其为"内清镜"。

内清镜的制作及纹饰明显反映天象。此镜由内向外放大的短线三轮，更具日光普照之意。圆钮如日，正大居中，光辉所及，遍布内外。钮外有十二连珠。

10. 汉重圈内清镜

内清镜是西汉铜镜中非常普遍的镜种，20世纪60年代《洛阳西郊汉墓发掘报告》中公布的175面汉镜中，有41面是内清镜。80年代《广州汉墓》公布的29面汉镜中，有14面为内清镜。

此镜直径15.5厘米，钮座外有内外两圈铭文，外区为"内清质以昭明，光辉惟夫平分日月，心忽而愿忠，然雍塞而不泄"。内区为"见日之光，长毋相忘"，每两字之间以涡纹隔开。

2011年江苏省盱眙县江都王陵12号墓中出土了一

枚"长毋相忘"铭银带钩。这是江都王刘非(前168年—前128年,汉景帝之子)赠给爱妃淳于婴儿的。淳于婴儿生前把它系于腰间,直至死去,仍然系于腰间。

可以想象,带"见日之光,长毋相忘"铭的铜镜,曾经陪伴了多少相爱的人度过一生!

11. 汉神龙镜

此镜直径11厘米，圆钮，一龙绕钮环置，部分身体压于钮下，毛发、鳞羽、面部表情纤毫毕现。龙口大张，利齿突显，亢奋激昂的态势一览无余。头部之下空白处有铭文"神龙子辟不祥"。"神"与"祥"二字反写。六字作穿插布局，奇哉。近卅年镜书均称"盘龙镜"。镜铭"神龙子"，极为珍奇罕见，故笔者力挺"神龙镜"之名。这面"神龙镜"之贵重，当然不是一般的汉神龙镜可比的了。

秦汉铜镜

12. 汉阳乌伏兽神龙镜

根据《山海经》等古籍的记述，远古传说中的十个太阳是帝俊与羲和的儿子，它们是金乌的化身，即长有三足的太阳神鸟。如《山海经》说"汤谷上有扶木，一日方至，一日方出，皆载于乌"，便是对十日神话的记述。《淮南子》中说"日中有踆乌"，郭璞注解说"谓三足乌"，则是对太阳为金乌化身的说明和解释。远古神话中的十日，每天早晨轮流从东方扶桑神树上升起，化为金乌在宇宙中由东向西飞翔，到了晚上便落在西方神树若木上，这表达了古人对日出日落现象的观察和想象。

此镜直径7.8厘米,纹饰有三奇:龙身下有二鸟相对,有类鸳鸯昵好;龙身上另拥一小兽;龙首之侧有一圆形(太阳),内有三足乌。此镜请来太阳、神乌与神龙亲密接触,似乎体现了农业社会人类与自然的和谐。

秦汉铜镜

13. 汉好哉神龙镜

豢龙氏是传说中 4000 多年前五帝末期的人物，原名董父。据说此人擅长养龙，许多龙都飞到他的身边。舜听说此事后非常高兴，当即赐董父姓豢龙。豢龙氏辉煌百年，到了夏代中后期，渐渐式微。听说刘累曾学习于豢龙氏，帝孔甲就命刘累养龙。因养龙有功，孔甲赐名刘累"御龙氏"。后来，刘累养死了一条龙，将其制成肉羹献给孔甲，孔甲吃了之后觉得味道鲜美，要求再献。刘累因惧怕龙死之事暴露，就逃到了河南鲁阳。据说刘累也是中国刘姓的始祖。

此镜直径10.4厘米,纹饰有两大奇处:第一奇,巨龙身体间隙有两个羽人,上舞者挥手逗龙,下坐者托腮观龙。此二者当为传说中的豢龙氏和御龙氏。第二奇为铭文"好哉此镜"。显然,制镜者对自己的作品充满信心,好像在说:"我做的镜居第二的话,第一名就只能空缺了!"汉代能工巧匠在作品上自夸"好哉",笔者所藏数百汉镜中,独有此品。

14. 汉驺氏神龙镜

此镜直径 11 厘米，纹饰精妙，主纹为龙纹，龙身下有谷穗和灵芝。在古代，常把一禾两穗、两苗共秀、三苗共穗等生长异常的禾苗称为"嘉禾"，人们认为它们是政治清明、天下太平的征兆。灵芝则是我国传统的名贵药材，被喻为"仙草"。以谷穗和灵芝陪伴神龙，自然锦上添花，大吉大利！

龙身外有一圈铭文："驺氏作镜四夷服，多贺国家人民息。胡虏殄灭天下复，风雨时节五谷熟。"可见此枚铜镜的制作者姓驺，故名为"驺氏神龙镜"。

15. 汉龙虎交媾镜

中国道家修炼气功内丹的术语中,有一个词叫作"龙虎交媾"。其中,"龙"即指"性",指人的心神(心火)。"白虎"即"命",指人的元气(肾水)。龙虎相抱,故心肾相交,水火既济。这就叫"龙虎交媾"。

东汉龙虎交媾镜有多种样式,此镜直径 12.2 厘米,龙虎身躯下方有一纹饰,形似男性生殖器,表现出明显的交媾之意。这类神龙镜,极可能体现着"性命双修"的道家养生文化观念。

秦汉铜镜

16. 汉田氏龙虎戏鸟镜

此镜直径 11.7 厘米，龙虎的头部中间夹着一只振翅欲飞的雏鸟。龙虎神情怡然，显然享受这美妙的一刻，因此可称之为"龙虎戏鸟镜"。

汉代人认为阴阳相通则万事顺，阴阳相合则万物生。左龙、右虎，以方位辨阴阳；雏鸟介于两者之间，以属性进一步调顺阴阳。在阴阳观念中来看，这面龙虎镜龙、虎、鸟的搭配表示降祥瑞，受福祉，禳灾祸，辟不祥。

17. 汉尚方龙虎对嬉镜

此镜直径13厘米，主纹为龙虎对嬉。外侧弧面突起带上有铭文："尚方作镜真大巧，上龙辟邪兮。"

此镜的铭文直白地表达了作镜者的意图是以龙辟邪。"尚方"是古代制造帝王所用器物的官署。此镜制作时，汉王朝中央的少府机构里，确实有尚方监造铜镜。不过当时的民间多有自夸产品做工精良，不逊"尚方镜"的。因此此镜是否出自尚方，已经很难确证。

秦汉铜镜

18. 汉五铢飞轮龙虎镜

此镜直径9.6厘米,右龙左虎作嬉戏状。龙虎的头部中间,夹着一枚汉代五铢钱;尾部中间,夹着一只八辐的飞轮。

五铢钱是我国钱币史上使用时间最长的货币,先后有10多个王朝和政权、20多个帝王铸行过五铢钱。西汉元狩五年(前118),五铢钱率先在中原发行,至唐武德四年(621)废除隋五铢,五铢钱历经了700多年沧桑。王莽篡汉以后,改国号为新,曾颁布一系列改变币制的法令,禁五铢,行新钱。王莽下令,凡使用五铢

或收藏五铢的，重则极刑，轻则鞭刑，一度盛行的五铢钱遭到了毁灭性的打击。东汉建武十六年（40），光武帝刘秀重新推行五铢钱制，对社会经济的恢复起到积极的作用。因此这枚龙虎镜为东汉时期作品的可能性最大。

中国人传统上认为黄帝和他的助手风后发明了轮子。古代中国人笃信风水学说，轮毂因为其圆转的特性，被认为最好地体现了风水圆转不息的特征，因此成为一种重要的风水象征。龙虎交欢本来就含有阴阳和合之意，这只八辐的飞轮出现在龙虎尾部中间，很可能暗示阴阳轮转不息。就像老子所说："祸兮福之所倚，福兮祸之所伏。"

秦汉铜镜

19. 汉神虎镜

此镜直径 11 厘米，主纹为张牙舞爪的一只神虎，周身风起云涌，好不威猛！

中国虎文化源远流长，它很早就成为中国的图腾之一。由于虎的形象威风凛凛，因此自古就被用于象征军人的勇敢和坚强，如虎将、虎臣、虎士、虎贲将军等。古代调兵遣将的兵符就常铸成虎形，称为虎符。在诗歌、雕塑、绘画、小说、戏曲中，虎的形象无所不在，它已成为中华文明不可或缺的一部分。

汉代人把虎看作森林之王，白虎则是神兽，而且仙

人往往乘虎升天。白虎也是古代道教的守护神，原为古代星官名，二十八星宿中的西方七宿，因其呈虎形位于西方，按五行配五色，故称"白虎七宿"。它还是四方神之一，《礼记·曲礼上》有"前朱雀，后玄武，左青龙，右白虎"的说法。此镜边圈花纹中嵌了足足10个"王"字，给足了这头神兽面子，可见制作者有多么喜爱这种灵物。

秦汉铜镜

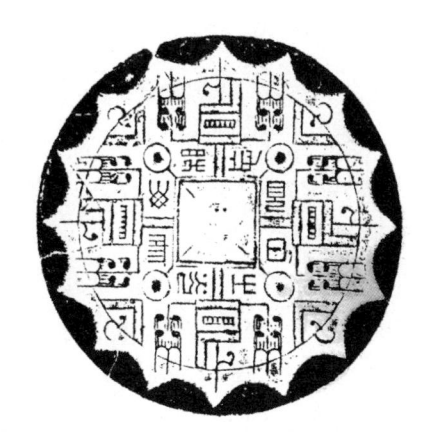

20. 汉博局日光镜

此镜直径 13 厘米。连峰形镜钮外有方格纹饰，方格四边中点各出一"T"形纹饰，与"T"相对的外圈有"L"形纹饰，与方格四角相对的外圈还有"V"形纹饰。这种"TLV"形纹饰一说为神话中华夏先祖伏羲、女娲手中规天矩地的神器，据此称其为"规矩镜"。也有国外学者称之为"TLV 镜"。此类纹饰由于也出现在汉代天文用具——日晷上，故这类铜镜也叫日晷镜。又因与汉代智力游戏"六博"有关，也称"六博镜"。所有这些名称，都表达了古人心目中的宇宙图式，有极为深奥的

意义与文化内涵。

　　山东费县曾出土过土石六博盘,长沙马王堆三号墓也曾出土全套的博具,其博局上有"TLV"纹样。这种游戏的历史久远,据《古博经》记载:"博法,二人相对坐向局,局分为十二道,两头当中名为水。用棋十二枚,六白六黑,又用鱼二枚置于水中,其掷采以琼为之。二人互掷采行棋,行到处即竖之,名为骁棋,即入水食鱼,亦名牵鱼;每牵一鱼获二筹,翻一鱼获二筹。"现多将这种带"TLV"纹饰的铜镜称为博局镜。

　　这面博局镜外缘饰连弧纹,钮座外有大方格铭文带,錾"见日之光,长毋相忘"8字,故命名"博局日光镜"。

21. 汉善铜博局镜

此镜直径 13.3 厘米,主纹饰为四神,即四方之保护神青龙、白虎、朱雀、玄武。铭文一圈:"汉有善铜出丹阳,和以银锡清且明,左龙右虎主四旁,乐未央!"

四神分别代表东、西、南、北四方的神灵。源于中国远古的星宿信仰,到两汉时期才被道教吸收成为四灵神君。青龙、白虎、朱雀、玄武分别代表了四方的二十八星宿。例如龙代表东方的七宿,即角、亢、氐、房、心、尾、箕,而这七宿排列的形状又极似龙形。从它们的字义上就可以看出来:角是龙角,亢是颈项,氐是颈根,

房是胁,心是心脏,尾是龙尾,箕是尾尖。同理,西方的星象如一只虎,南方的星象如一只大鸟,北方的星象如龟和蛇。由于地球围绕太阳公转,天空的星相也随着季节转换。每到冬春之交,苍龙显现;春夏之交,朱雀上升;夏秋之交,白虎露头;秋冬之交,玄武升起。

秦汉铜镜

22. 新善铜博局镜

此镜制作于新莽时期，直径20.5厘米，仅留拓片藏中国国家博物馆。外区铭文为："新有善铜出丹阳，和以银锡清且明。左龙右虎掌四彭，朱爵玄武顺阴阳。八子九孙治中心，刻娄博局去不祥，家常大富宜君王。"

此镜铭文中明确提到自身图案中"刻娄博局去不祥"，为将"规矩镜"更名为"博局镜"提供了强有力的证据，使得此镜在文物考古方面具有重要价值。

"新有善铜出丹阳"，这里的"丹阳"指汉代的丹阳郡，就是今天安徽铜陵一带。丹阳是秦汉时期重要的铜产地

57

之一，丹阳镜凭其优秀的质地和精湛的铸造工艺，名冠天下。唐代的诗歌中还有对丹阳冶铜的生动描述，如李白《秋浦歌》"炉火照天地，红星乱紫烟"，就是对当时冶炼场景的一个很好描述。

秦汉铜镜

23. 汉桼之始博局镜

此镜直径 13.7 厘米，纹饰中有八瑞，为青龙配鸟、白虎配蟾蜍、狐配羽人、天禄配怪兽。外圈铭文"桼（言）之始自有纪，炼冶铜锡去其滓，辟除不祥宜贾市"。

此镜中除了青龙、白虎等"标配"的吉兽外，还出现了蟾蜍、天禄和不知名的怪兽，它们都是汉代人心目中"辟除不祥宜贾市"的招财神兽。其中天禄属于貔貅的一种。相传貔貅是一种凶猛瑞兽，分为雌性和雄性，雄性名"貔"，雌性名"貅"；分一角和两角两种，一角的称为"天禄"，两角的称为"辟邪"。

貔貅有着龙头、马身、麒麟脚，毛色灰白，会飞翔。传说貔貅触犯天条，玉帝罚它只能以四方之财为食，且只进不出，所以风水上常摆放貔貅以聚财镇宅。古时候人们还用貔貅来作为精兵强将的代称，如《晋书》中有"命貔貅之士，鸣檄前驱"。

秦汉铜镜

24. 汉夈言博局镜

此镜直径 14.2 厘米，纹饰中仅有"T"形和"L"形，无"V"形，是博局纹的一种变化。铭文"夈言之纪造镜始，青龙左，右白虎，宜孙子"。图案中有青龙配羽人、白虎配鱼身瑞兽、双朱雀、独角兽配蟾蜍。

铜镜的故事

25. 汉善佳博局镜

此镜直径16.2厘米，钮座外有12个小乳钉，间置十二辰，即子、丑、寅、卯、辰、巳、午、未、申、酉、戌、亥十二地支。中国古代用地支纪时、纪月、纪年。如地支纪时就是将一日均分为十二个时段，分别以十二地支表示，即一天有十二个时辰。现代一小时分四刻，一刻指十五分钟。古代也是如此，所以一个时辰有八刻。

干支历，源自中国远古时代对天象的观测。甲、乙、丙、丁、戊、己、庚、辛、壬、癸称为十天干，和十二地支依次相配，始于"甲子"而终于"癸亥"，组成六十个基本单位，形成了一套干支纪年法。天干地支的发明影响深远，国人至今依旧在使用天干地支，用于历法、术数、计算、命名等各方面。

干支历将一年划分为十二辰。古代天文学称北斗星斗柄所指为"建"，一年之中斗柄旋转而依次指向"十二辰"，称为"十二月建"（或"十二月令"）。十二月建是依据二十四节气而来的节气月，是阳历月，不同于阴历月。

此镜铭文为"善佳镜哉真大好，上有仙人不知老，渴饮神泉熟啖枣。寿敝山石西王母，长葆二亲利孙子"。称"善佳"，实至名归！

26. 汉八瑞博局镜

秦汉时期神仙方术盛行，人们渴望跨越死亡，永住神仙的乐土，因此汉代铜镜上经常出现八种象征仙灵的珍禽异兽，一般称为"八瑞"。

这面铜镜直径 17.7 厘米，工整的博局纹之间，共有四组八个硕大的神奇生物，即"八瑞"。此镜的"八瑞"除了四神等兽类外还有"羽人"。

羽人是汉镜上的常客，顾名思义，是身长羽毛或披羽毛外衣能飞翔的仙人。羽人最早出现于《山海经》，称羽民。王充称他们"身生羽翼，变化飞行"，大约是级别低的神仙。道教的道士也称羽士。

汉代墓室壁画上出现了大量表现升仙的场景，其中就有羽人引导的乘龙飞升图。到了魏晋南北朝时期，随着佛教传入，羽人含义和造型逐渐变化，后来演变为飞天、飞仙和天人等形象。

铜镜的故事

27. 汉视珠昭明博局镜

此镜直径 11.2 厘米,曾经鎏金。中间方格外四面有博局纹,铭文连起来为:"视珠昭明镜,防淫去邪乐无极,深念远虑日有福。"空白处填以不规则涡卷形纹饰。

不规则涡卷形纹饰一般被认为是云纹。云纹是我国古代吉祥图案之一,象征高升和如意,应用较广。有"如意云"和"四合云"等多种。

此镜的铭文有明显的规劝意义,这样的铭文内容在汉镜中极为罕见。并且铭文的行文也很特别,不容易释读。

秦汉铜镜

28. 汉韩众博局镜

此镜直径15.2厘米，钮座外间置十二地支。工整的博局纹之间，共有八种神瑞，其中有一羽人。铭文带中，除了常见的"长保二亲利子孙"等字外，还有一句"如韩众乐无已"，为此镜独特之处。

韩众，相传是一名仙人，最早出自《楚辞·远游》："奇傅说之托辰星兮，羡韩众之得一。""众"，也有写成"终"的。西汉刘向所著《列仙传》中说："齐人韩终，为王采药，王不肯服，终自服之，遂得仙也。"

晋代葛洪的《神仙传·刘根》中提到，汉代著名方

士刘根被问到如何得道时,自称是在华阳山偶见一神人乘白鹿车经过。刘根苦求指点,终于得道。神人告诉刘根,他就是传说中的韩众!

李白《至陵阳山登天柱石酬韩侍御见招隐黄山》诗云:"韩众骑白鹿,西往华山中。玉女千余人,相随在云空。"后来用"韩众"泛指神仙。

29. 汉神人车马镜

这面铜镜直径 20.9 厘米，内区四乳钉将浮雕分成四区：一区为西王母，着宽袖长袍，双手拱于胸前端坐，仪态端庄，一位侍女站在右侧服侍；对面的一区，是戴高冠端坐的东王公，神态温厚亲和，右旁有一位侍女；另两区中各有四马并行，拉车驰骋。

在该镜所描绘的神仙世界里，体形较大的西王母和东王公无疑是当仁不让的主角。东王公和西王母是我国流传已久的神话中的重要神仙。西王母又称西姥、王母、金母和金母元君等。其名最早见于战国文献，是所有女

仙之首，掌管着人类生死。东王公东汉时期始见记载。传说他是道教始祖，也是所有男仙之首，还是西王母的对偶神，管辖仙人名籍。东王公被认为常常在丁卯日登台四处观察天下修道学仙之人的情况。所以凡是得道入仙之人，都得先拜东王公，再拜西王母，然后才能飞升进入九天。该镜整个画面通过动和静的对比，把神人的平静祥和与车马的飞驰灵动表现得淋漓酣畅。

秦汉铜镜

30. 汉瑶池宴乐镜

此镜直径 19.5 厘米，以镜钮为中心，包含四组图案：下方为西王母居中端坐，左右各立一女侍；上方为东王公居中盘坐，左侧二男侍立，右侧一羽人跪侍；左侧为玉女起舞，身边两名乐师一持拨浪鼓，一持打击乐器；右侧为诸侯女抚琴，身边两名乐师伴奏，身右一羽人献瑞。镜中榜题有"西王母""东王公""诸侯女""玉女兮""侍郎兮""侍女兮""朱师作兮"等，十分罕见。

如果说前面介绍过的神人车马镜中，车马负责将神人们送到瑶池相会，那么这面宴乐镜表现的就是宴乐的

奢华场景了。图案中宾主怡然自得，侍者们载歌载舞，热闹非凡！

秦汉铜镜

31. 汉仁大吉神兽镜

此镜直径 14.6 厘米，环列神人五位：西王母和东王公上下相对而坐；9 点钟方位一神独坐，为轩辕黄帝；3 点钟方位二神倾心交谈，为俞伯牙和钟子期。环列神人的外缘一圈饰有小方格，方格上有铭文。俞伯牙、钟子期近旁的方格中有一清晰的"仁"字，其他方格中有"大吉""羊宜""侯王"等字。

此镜中的黄帝即被尊为中华"人文初祖"的轩辕氏，因有土德之瑞，故号黄帝。传说，黄帝即位于公元前 2697 年，道家把这一年作为道历元年。

32. 汉天马神兽镜

此镜直径达 19.4 厘米，内区上下各有一匹硕大的神马，正在云间奋蹄飞奔，头部有榜题"天马"二字。左右各有一只朱雀，昂首振翅。神马、朱雀之间穿插有许多小鸟。同一枚汉镜中出现两匹天马，仅此一例。

汉朝时，西域有个大宛古国。相传大宛国牧民把马赶到高原上，和野马交配，产下的马雄骏异常，号称"天马"，声名远扬。汉武帝很想得到天马，以提高汉军的战斗力，就派使者用黄金打造了一匹马，出使大宛国。没想到大宛国国王拒绝了汉使者用黄金马交换天马的条件。汉使者打碎了金马，准备回国。大宛国国王认为当面打碎金马是对自己的冒犯，于是让手下袭击了汉使队伍，劫回所有财物。武帝大怒，派李广利领军出征大宛。结果李广利损兵折将，惨败而回。后来汉朝增派军队，再次攻打大宛，大宛投降，献出天马。不知道汉武帝得到这几百上千匹天马后，到底有多开心。

33. 汉吴王子胥故事镜

汉代画像镜题材丰富，有时图案中会出现真实的历史人物。如此镜直径17.2厘米，四组图案中，最重要的一组为吴王和伍子胥，人物左侧有榜题"吴王"；与之相对的一组为一美女居中盘坐，左手持一铜镜自照（这应该就是传说中的越女西施了），右侧一女侍立。另两组图案，其一为一匹配好鞍的骏马；与之相对的为一回首的猛虎。

相传春秋时期的吴王阖闾死后，太子夫差继位，信任奸臣伯嚭，中了越王勾践复国灭吴之计。他不听忠臣伍子胥的劝谏，宠幸越国美女西施，荒淫误国。有一次，夫差和西施正在玩乐，白发苍苍的伍子胥又来劝谏，夫差恼羞成怒，赐给他一把"属镂"剑，逼他自尽。伍子胥气得浑身发抖。他在死前说："我身为吴国之臣，生不能为国尽忠，死后你们要把我的眼睛挖出挂在城门口，我要看看越王勾践的大军，怎样从我的眼下经过。不然，我是死不瞑目的！"后来越王勾践的大军果然兵临城下，吴国从此灭亡。

34. 汉玉女作昌镜

此镜直径 22.3 厘米，主角为各有榜题的"西王母"和"东王公"，左右相对而坐。奇特之处在于此镜宴乐场景异常热闹奢华，立侍的、跪侍的、赛马的、驯兽的、倒立的、杂耍的、歌舞的、伴奏的……光是"服务生"就多达 21 名！一枚铜镜纹饰中出现这么多人物，铸工的水平堪称大师级！

镜背纹饰正下方是歌舞场景，多人起舞，姿态曼妙，5 点钟方向有榜题"玉女作昌"。这里的"昌"同"倡"，指的是歌舞艺人。"玉女"，在古代可指美女、仙女，也可用作对他人之女的美称。"玉女"与"金童"相对时，指的是侍奉仙人的女童。看来此镜榜题中的"玉女"，用的就是这个义项。

据称是汉代东方朔所著的《神异经·东荒经》上有记载："东王公恒与一玉女投壶……"说东王公常与玉女比赛投壶，每当投不中，天就大笑，有时天上明明没有下雨，却发出电光，就是天在大笑。投壶是古代一种将箭筹投入壶中的游戏，有各种投法，后人以"玉女投壶"的典故描述仙家生活之悠闲。

35. 汉天上宫阙镜

"不知天上宫阙,今夕是何年?我欲乘风归去,又恐琼楼玉宇,高处不胜寒……"苏轼的《水调歌头》总是引发人们对仙界的无限遐思。寻仙慕道,人之常情。请看这面汉镜,着力刻画了汉代人心目中的天上宫阙。

此镜直径19.6厘米,主人公是戴高冠端坐着的东王公,左右各有一人侍立。与东王公相对的位置,本该留给西王母,此镜上却是一座由巨柱支撑着的高大楼观。与楼观形成对比,两名端坐于下的仙人反而显得渺小。镜钮左右空白处,各有一座高楼,具有典型的汉代建筑风格,质朴而刚健,让人联想到李白名句"危楼高百尺,手可摘星辰"。

据说西王母的住处瑶池地处昆仑山巅。而东王公的住处在一个叫"扶桑"的地方。东方朔《十洲记》记载:"扶桑在碧海之中,地方万里。上有太帝宫,太真东王父所治处……"

此镜上的楼观到底是瑶池还是扶桑太帝宫,恐怕无从查考,还是留给有缘人到梦中去一探究竟吧!

36. 汉王氏小丑仙人镜

此镜直径 17.4 厘米，主纹由乳钉间隔成四区，其中两区为长有飞羽的仙人相对而戏，边上有两处榜题"山人"。另两区为两只凶猛的神虎，题有"王氏作"。

"山人"一般指隐士或与世无争的高人；又指山野之人（谦称）；也指旧时以算命为职业的人。此外，有时也称仙家之流为"山人"，此镜中的"山人"背生双翼，当为"仙人"。

此镜中的两位"山人"，姿态夸张，戴着现代小丑一样的帽子，张嘴嬉笑，显然是在表演杂耍。汉代盛行

"百戏"，上承夏代乐舞、周代散乐，下启魏、晋、唐、宋、元、明、清各代的戏曲、乐舞、杂技艺术。可以说，我国现存的戏曲、歌舞及杂技等艺术中，大都具有古代"百戏"的元素和特点。此镜以羽人作主角表演"百戏"，体现了汉代民间艺人抛弃僵化的庙堂歌舞，代之以活泼新鲜民间歌舞的激情！

铜镜的故事

37. 汉韩师作贞夫故事镜

战国时期,宋康王的舍人韩凭(也作"韩朋")娶贞夫为妻。贞夫貌美,宋康王把贞夫强夺了过去。韩凭心怀怨恨,宋康王把他囚禁起来,并判他服"城旦"苦刑,去修建青陵台。韩凭暗地里托人给妻子带了封信,信中语句曲折隐晦:"其雨淫淫,河大水深,日出当心。"不久宋康王得到这封信,把信给亲信臣子看,一个叫苏贺的臣子讲解说:"其雨淫淫,是说心中愁思不止;河大水深,是指两人长期不得往来;日出当心,是内心已经确定向死之志!"不久韩凭就自杀了。

贞夫于是暗中使自己衣服朽烂。宋康王和贞夫一起登上青陵台，贞夫从台上往下跳；宋康王的随从想拉住她，因为衣服已经朽烂，经不住手拉，贞夫坠台而亡。她在衣带上写下遗书，请求宋康王将她与韩凭合葬。

宋康王发怒，不从其请，故意使他们的坟墓遥遥相望。他说："假如你们能使坟墓合起来，我就不再阻止你们。"很短时间内，就有两棵大梓树分别从两座墓中长出来，十天之内就长得有一抱粗。两树树干弯曲，互相靠近，枝在上面交错，根在地下相交。又有一雌一雄两只鸳鸯在树上栖息，早晚都不离开，交颈悲鸣。宋国人都为这叫声悲哀，称这种树为相思树。相传鸳鸯就是韩凭夫妇的精魂变成的。这则故事出自干宝《搜神记》。此外敦煌遗书中有《韩朋赋》，曹操墓与武梁祠汉墓中均画有"贞夫韩朋"故事。

此镜直径18厘米，主纹由乳钉间隔成四区，上下两区分别为"西王母"与"东王公"，各有两仙侍或跪或立，各有榜题。右区为羽人跪着逗弄独角瑞兽，左侧有"韩师作"三字。左区为一贵族妇女端坐，上有"贞夫"榜题，右侧有一兽首人。"韩师作"的镜上讲述"韩凭贞夫"的忠贞爱情故事，千古一绝！

38. 汉尚方博局十二鸟镜

中国人爱鸟。在 5000 多年前良渚文化的陶器、玉器纹饰中，飞鸟纹已是主要纹样之一。这些飞鸟纹往往成对相向地配置在兽面纹或兽面和神人复合纹的两边，也许寄寓有借此沟通天神的含义。从文献上看，凤鸟等鸟类是我国东部沿海一些氏族所尊奉的图腾。

另据《诗经·商颂·玄鸟》记载："天命玄鸟，降而生商。"传说，帝喾的次妃简狄是有戎氏的女儿，她曾捡到一枚鸟蛋，吞下去后怀孕生下了契，契就是商人的始祖。

中国人又有护鸟的传统。远在春秋战国时期,孔子就提出"覆巢毁卵,则凤凰不翔"。西汉规定"鹰隼未挚,罗网不得张于溪谷""孕育不得杀,壳卵不得采"等等。到宋朝,有"民二月至九月,无得采捕虫鸟,弹射飞鸟"的法令。元代还规定严禁狩猎天鹅、鹰隼。

笔者收藏的这枚镜直径16.2厘米,由博局纹"TLV"图案间隔成四区,每区3只鸟,大大小小共12只鸟,好不热闹喜庆!

39. 汉四虺十二鸟镜

汉代铜镜上的鸟类，数量之多难以统计。笔者常对亲友笑称："有数千汉鸟在寒斋内栖止。"汉镜上的鸟纹大多十分概括，七八笔至十数笔即可勾勒出一只鸟的外形，或飞或立，或远或近，或啁啾或觅食，或短尾或长尾，或线条或浮雕，变化万千。

此镜直径 11.8 厘米，主纹由乳钉间隔成四区，各有一"S"形的虺纹。虺纹外各有大小两鸟纹，大者有两歧的冠羽。虺纹之下另有一中等大小之鸟纹。总之，此镜纹饰喻示小虺不久当飞腾成真龙也！

秦汉铜镜

40. 汉黄羊龙凤镜

中国人都非常熟悉的成语"龙飞凤舞",出自宋代苏轼《表忠观碑》:"天目之山,苕水出焉,龙飞凤舞,萃于临安。"这枚汉镜的主题纹饰就是典型的"龙飞凤舞",大显吉祥喜庆之象。

此镜直径10.3厘米,左饰凤,右饰龙,龙头前有一钱纹,下部有一方枚印记,印记内有铭文"服者"。外区有铭文"黄羊作镜明而光,巧工所造成文章兮交龙戏,守转相从,能常服之为者命长"。据学者考证,"黄羊"为东汉吴郡镜工家族的名号。

41. 汉双雷电纹镜

此镜直径9.6厘米，八连弧纹钮，在两圈单线光芒纹（内狭外宽）之间为雷电纹。

此类纹饰，旧时曾被称为"云雷纹"，笔者曾在拙作《镜文化与铜镜鉴赏》中详细考证，认为应该称为"雷电纹"。此镜中雷纹为卷云状，电纹不但由两个细长三角复合成"Z"状,还有一"Z"形纹插在两个三角之间，使电纹之意更加明显。本镜外缘中间有一凹带，上饰双线连续"Z"状纹并加点，亦含雷电之意。设计极精妙！

秦汉铜镜

42. 汉星云镜

此镜直径10厘米，博山钮。主纹饰由四乳钉间隔成四区，各有一组由5颗星与云纹组成的星云纹。

相传汉武帝曾赴青州，遥望海上仙山，回京后令能工巧匠铸造铜熏炉，炉盖模拟仙山胜景，于博大中蕴含清秀，故谓"博山炉"。博山炉在汉代极为流行，此镜的镜钮，就是一个微缩的"博山"，故称博山钮，也称连峰钮。

星云纹是由众多的小乳钉用曲线相连，其形状很像天文星象图，故习称"星云纹"。也有人称这类镜为"百

乳纹镜"的。更有学者认为,所谓星云系由蟠螭纹渐次演变而成,小乳钉其实是蟠螭骨节变幻,云纹则为蟠螭身体线条抽象而成。如从此说,那么此镜主纹则可形成一幅"群龙戏于东海"胜景图!

第四章
隋 唐 镜

随着汉朝的灭亡,中国进入了群雄割据的三国、魏晋、南北朝时期。这一时期的铜镜,虽然有创新,但始终未能突破"汉式镜"形制。总的来看,铜镜制造处在一个衰退时期。但自隋始,历史驶入一条新的发展轨道。特别是进入唐代以后,辉煌灿烂的大唐文明集中展现在一枚枚小小的铜镜上,也推动铜镜铸造达到巅峰。隋唐镜造型上玲珑别致,形状不一,打破了圆、方的固有形制,而且纹饰图案丰富多彩,自由活泼。

1. 隋十二生肖镜

此镜直径 13.65 厘米，圆钮座外有连珠花纹带，外圈饰十二生肖。

生肖，又叫属相，其起源与动物崇拜有关。原始社会的先民常以某种动物作为本氏族的保护神和标志，即图腾。如商族的图腾是玄鸟，周族的图腾则有龙、鸟、龟、犬、虎诸说。十二生肖除龙之外，其余皆是日常可见的动物。可分为两类，即"六畜"（马、牛、羊、鸡、狗、猪）和"六兽"（鼠、虎、兔、龙、蛇、猴）。

据湖北云梦睡虎地和甘肃天水放马滩出土的秦简

可知，先秦时期即有比较完整的生肖系统存在。最早记载与现代相同的十二生肖的传世文献是东汉王充的《论衡》。可见，最迟在东汉，十二生肖已全部定型，即鼠、牛、虎、兔、龙、蛇、马、羊、猴、鸡、狗、猪。

2. 唐飞龙抢珠镜

此镜宽和高均为15.6厘米，亚形委角，内中有一长而曲体之巨龙。头尾回环，奋鬣张口，以圆钮为珠，作张口欲吞状，为其匠心独运之处。

《通雅》中有"龙珠在颔"的说法。龙珠是一种宝珠，可避水火。除了飞龙抢珠，还有二龙戏珠、群龙戏珠和云龙捧寿，都是表示吉祥安泰和祝颂平安长寿之意。也有人认为，飞龙抢珠图案的起源，来自中国传统天文学中的星球运行图，火珠是由月球演化来的。从西汉开始，飞龙抢珠便成为吉祥喜庆的装饰图纹，多用于建筑彩画和器皿装饰上。

隋唐镜

3. 唐真子飞霜镜

"真子飞霜镜"是唐代著名镜种。此镜直径16.2厘米，镜作八出葵花形，伏龟钮。钮上方饰祥云托月纹，下方饰池水山石，自池中生出一枝莲叶，即为钮座。左侧一人峨冠博带，坐而抚琴，前设香案，后依竹林。右侧一凤，栖于石上。

真子飞霜镜在唐镜中较多见，日本学者多称其为"伯牙弹琴镜"。清乾隆年间的收藏大家钱坫在其《浣花拜石轩镜铭集录》中认为，"真子"当是人名，"飞霜"当是曲名。清代学者阮元在其《晋真子飞霜镜拓本跋》中

从钱坫之说，谓："真子者，鼓琴之人；飞霜，其操名也。"朱江则认为真子即真孝子的简称，飞霜即古琴曲"十二操"之一的《履霜操》，整个镜纹反映的是尹伯奇遭后母陷害，被放逐于野的故事。

尹吉甫是周宣王的大臣。尹伯奇，吉甫之子。伯奇性至孝，吉甫被后妻言所迷惑，驱逐伯奇。伯奇晨朝履霜，穷无所归。就采荷叶为衣，采棠梨花为食，援琴而歌，自伤见放，不敢有怨词。最后自沉于泸州附近的江中而死。

伯奇投江后，吉甫知其冤，沿江大恸三日，伯奇尸浮出归子山下，吉甫葬之山后。归子山，又名飞凤山。

隋唐镜

4. 唐双鹊含蜻鸳鸯镜

此镜直径10厘米，镜作八出菱花状。主纹饰为浮雕之喜鹊与鸳鸯，双双隔钮相对。其妙者，双鹊口中均含着一只蜻蜓。四鸟之间，有流云飘浮，天地间生机盎然。

在中国人看来，鸳鸯象征爱情，喜鹊则代表好兆头，意味着好事将近。画鹊兆喜的风俗向来流行，两只喜鹊面对面叫"双喜相逢"，双鹊中加一枚古钱叫"喜在眼前"，一只獾和一只喜鹊在树上树下对望叫"欢天喜地"。流传最广的，则是"鹊登梅枝报喜"，又叫"喜上眉梢"。蜻蜓则大概谐音"情"字。

5. 唐四海马镜

此镜直径12.2厘米,钮区外有四只瑞兽环绕成一圈,或跑或跳或低头进食,兽与兽之间以奇花相隔。以这种瑞兽为主纹的铜镜一般称为"海马镜"。外圈为铭文带,为"镜发菱花净月澄华"8字,据考证为回文诗,有多种不同的读法,如:发菱花净,月澄华镜;菱花净月,澄华镜发;花净月澄,华镜发菱;净月澄华,镜发菱花;月澄华镜,发菱花净。

唐代铜镜上的海马形象"似马非马",有专家认为是受了汉代"天马"传说的影响。这类唐镜在宋代的

《宣和博古图录》中称"海马镜",但在清代《西清古鉴》上则称"海兽镜"。"海马""海兽"究竟为何种动物,最初的命名者未加解释,至今也没有一致的说法。还有人认为"海马"是海外的马。古传中国青海有日行千里的"青海骢",有学者认为"海马"是这种"青海马"的简称。

6. 唐万字镜

此镜宽和高均为17.3厘米,亚形委角。以钮为中心,四向伸出曲臂,形成"卍"字形纹饰。"卍"字在佛教中意为"吉祥之所集",被认为是释迦牟尼胸部所现的瑞相,有吉祥、万福和万寿之意,唐代武则天长寿二年(693)将它定读为"万"。"卍"字四端向外延伸,又可演化成各种锦纹,这种连锁花纹常用来寓意绵长不断和万福万寿不断头之意,也叫"万寿锦"。

"卍"起源于史前文化,在西亚美索不达米亚平原公元前5000年左右的陶器上,就发现了"卍"形纹。后来,

"卍"形纹在欧洲也甚为流行，在基督教艺术和拜占庭艺术中屡见不鲜。过去一度认为"卍"形纹是通过佛教传入中国的，但其实中国境内距今五六千年前的新石器时代晚期红山文化遗址中就已经出现了"卍"形符号。不过随着佛教的传入，"卍"形符号在中国使用确实更为普遍了，铜器、织锦、镂空门窗上比比皆是。

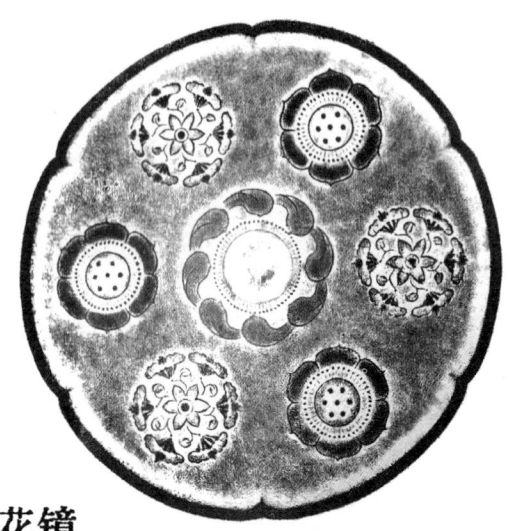

7. 唐团花镜

此镜为六出葵花形，直径 21.7 厘米。圆钮，钮周边饰八枚花瓣。钮座外饰六朵宝相花，分为两种，交错排列：三朵为莲花，中有莲蓬；另三朵各由七朵花组成，绚丽华美。

宝相花又称宝仙花、宝莲花，传统吉祥纹样，是吉祥三宝之一（吉祥三宝——宝相花、摇钱树、聚宝盆），盛行于隋唐时期。通常是将某些自然形态的花朵，进行艺术处理，变成一种装饰化的花朵纹样。一般以某种花卉（如牡丹、莲花）为主体，中间镶嵌着形状不同、大小粗细有别的其他花叶。尤其在花蕊和花瓣基部，常用圆珠作规则排列，像闪闪发光的宝珠，加以多层次退晕色，显得富丽、珍贵。在金银器、石刻、刺绣等艺术载体上，常见宝相花纹样。

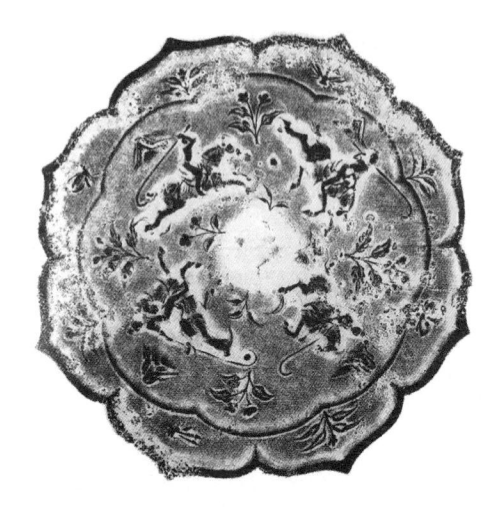

8. 唐打马球镜

此镜直径19.3厘米，八出菱花形。钮座外饰有四个动作姿态不同的马球手，手执弯头球杖，作跃马奔驰抢击状，四个马球手之间衬以高山花卉纹。只见一马四蹄腾空，骑士高举球杖奋力夺球；一马前蹄腾空，后蹄着地，骑士肩荷球杖伺机击球；一马前蹄着地，后蹄腾空，骑士持杖身向前斜，似欲抢球；一马似被紧勒缰绳，昂首嘶鸣，骑士侧身向后用球杖钩球。整个画面表现出马球比赛生动活泼而又激烈的场面。镜缘与连弧纹之间有等距的花蝶纹。此镜工艺精湛，是研究古代马球运动的可贵资料。

马球，指的是骑在马上，用马球杆击球入门的一种体育活动。目前世界上对于马球的起源尚没有确切的说法。马球在中国古代叫"击鞠"，肇始于汉代，兴盛于唐宋。在东汉后期，曹植《名都篇》中就有"连骑击鞠壤，巧捷惟万端"的诗句，来描写当时人打马球的情形。

马球盛行于唐、宋、元三代，至清中叶才渐渐消失。但根据丰富的文献材料，马球运动确实属于中国本土运动，并非外传而来，在中国古代主要流行于军队和宫廷贵族中。2008年6月7日，马球经国务院批准列入第二批国家级非物质文化遗产名录。

9. 唐王子乔吹笙引凤镜

此铜镜呈八出葵花形，镜背表现了王子乔吹笙引凤的故事。以镜钮为中心，上方有修竹一丛，下方为山峦重叠。镜钮左侧有一人，头戴高冠，身着长衣，静坐于岩石上，双手持笙悠然吹奏。镜钮右侧有一只展开双翼翱翔的凤鸟，仿佛被清雅乐音吸引而至。

王子乔即姬晋，是东周时灵王的长子，人称太子晋、太子乔。他天资聪颖，温良博学，喜爱静坐吹笙。据说在他十二三岁的时候，赶上连降大雨，洛邑附近的谷水和洛水泛滥，洪水漫过了堤岸，几乎要冲毁王宫。灵王着急了，忙命人运土堵水，王子乔却在父亲面前引经据典，讲了一套"川不可壅"的道理。他的意见虽然没有被周灵王采纳，但其聪慧之名却很快传到各诸侯国，大家都很佩服。晋平公派当时名流师旷去王畿见王子乔，问他以君子之德、治国之道，他旁征博引，侃侃而谈，师旷钦佩不已。

据《列仙传》中记载，王子乔喜欢吹笙，声音酷似凤凰鸣唱，游历于伊、洛之间，仙人浮丘生将他带往嵩山修炼。30余年之后，一个名叫桓良的人遇见王子乔，王子乔对他说："请你转告我的家人，七月七日与我在缑氏山相会。"到了那一天，王子乔乘坐白鹤出现在缑氏山之巅。几天之后，王子乔挥手与世人作别，升天而去。这也就是"王子登仙"的传说。

唐代时，在上层统治者的狂热追求和大力推崇下，道教发展兴盛，得道成仙、长生不老的思想在当时社会各个领域均有表现，这枚铜镜所描绘的就是一个富有传奇色彩的神仙故事。

10. 唐月宫镜

此镜为八出菱花形镜，直径19.1厘米。镜背是一幅月宫图。伏兽钮右上方饰一株桂树，枝繁叶茂；左侧嫦娥身姿飘逸，一手托盘，一手托幅，上有"大吉"二字。镜钮下方有一潭池水，左侧玉兔正持杵捣药，池水右边为一跳跃的蟾蜍。镜缘饰蝴蝶、花朵及云纹，构图十分别致。

月宫又名广寒宫，中国神话传说中月中的宫殿，是上界神仙为仙女嫦娥建造的。汉东方朔《海内十洲记》："（东方朔）曾随王母履行，比至朱陵扶桑，蜃海冥夜之丘，纯阳之陵，始青之下，月宫之间。"

相传月亮上有一只兔子，浑身洁白如玉，所以称作"玉兔"。此白兔拿着玉杵，跪地捣药，久而久之，玉兔便成为月亮的代名词。在道教典故中，玉兔常常与金乌相对，表示金丹修炼的阴阳协调。中国戏剧唱词中每有"金乌坠，玉兔升"之句。除了玉兔，蟾蜍同样是月亮的代名词，被称为"月精"，月宫也因此被称作"蟾宫"。古时人们把科举考中进士称为"蟾宫折桂"。

11. 唐五行八卦十二支镜

此镜直径14.5厘米,圆钮,钮外有八卦纹,向外方格内有十二地支的名称。方格外四向饰金、木、水、火四象,加上由隆起的钮表示的土,合成"五行"。

古人把宇宙万物划分为五种基本物质,称为"五行":金(代表敛聚)、木(代表生长)、水(代表浸润)、火(代表破灭)、土(代表融合)。中国古代哲学家用五行理论来说明世界万物的形成及其相互关系。传说在距今七千年前的上古时代,伏羲氏观物取象,始作八卦。五行八卦镜也叫太极八卦镜,在我国一直被视为风水吉物。此类镜由道士司马承祯专为唐玄宗精心设计。道家的主要观念——天圆地方、五岳四渎、生肖八卦等内容，皆已容纳在小小的铜镜之中，堪称一奇。此类镜在宋代较常见,唐代已有之。此镜质厚重,黑漆古且莹,属唐镜。

铜镜的故事

12. 唐荣启奇三乐镜

此镜直径 12.9 厘米，圆钮，钮外上有界格铭文三行："荣启奇问曰答孔夫子。"下有垂柳一株。左为孔子，头戴冠，左手前指，右手持杖，指点发问。右为荣启奇，戴冠着裘，左手持琴，作答言状。

此镜取材于《列子·天瑞》。孔子游泰山，遇荣启奇鼓琴唱歌。孔子问他为什么那么快乐，他回答说："天地万物，以人最为尊贵，我幸而为人，这是一乐。男尊女卑，我幸而为男，这是二乐。有的人短命，夭折于襁褓，而我已年近九十，这是三乐。"故此镜又称"三乐镜"。

隋唐镜

13. 唐海兽葡萄镜

此镜直径17.3厘米，镜背纹饰系高浮雕，以葡萄和海兽组成。内区为6只海兽相互追逐嬉戏，海兽之间为蔓枝葡萄纹，外区饰飞禽和蔓枝葡萄纹。

"海兽葡萄镜"之名出自清代梁诗正等奉敕纂修的《西清古鉴》，为现代学者所广泛接受。另外一种常见叫法是"海马葡萄镜"，出自宋代徽宗敕撰、王黼编纂的《宣和博古图录》。鲁迅在《看镜有感》中也曾提到"海马葡萄镜"，可见民国时期仍有较多人受《宣和博古图录》影响。现多通称为"海兽葡萄镜"。关于兽与葡萄的组合，

有学者认为它来源于古代波斯或希腊罗马。其实,从汉代张骞通西域后,我国就开始了葡萄的种植,在当时丝织品上也有葡萄的纹饰。唐代社会经济繁荣,在铜镜上饰葡萄纹饰也就不足为奇。

第五章

宋辽金镜

学术界传统的观点普遍认为宋辽金时期是铜镜发展的衰落期,这个说法显然有一定局限性。实际上宋辽金铜镜较之前时期在艺术风格、制造工艺和金属配比等方面有较大的差别,也有其鲜明的时代特点和艺术特色,其中以人物故事镜尤为突出。

宋辽金铜镜在镜形方面除继承过去的圆形、方形、葵花形、菱花形外,长方形、鸡心形、盾形、花瓶形、钟形、鼎形等样式相继出现,还出现了带柄及带支架镜。这一时期流行花草、鸟兽、山水、小桥楼台和人物故事等装饰题材的铜镜,都具有浓厚的生活气息。

铜镜的故事

1. 宋林和靖诗意镜

此镜横方，宽 13.7 厘米，高 9.2 厘米。左边一株寒梅横斜于水上，右下侧有一弯明月之倒影，满天落英缤纷。全镜意境契合林和靖咏梅名句"疏影横斜水清浅，暗香浮动月黄昏"，故定名"林和靖诗意镜"。

北宋的时候，有个叫林逋（字和靖）的隐士，他从小失去父母，家境贫寒，有时候连饭都吃不上。但他刻苦学习，终于成了一个很有文才的人。可是林逋生性恬淡，在杭州西湖边的孤山隐居起来。

林逋既不娶妻，更不要孩子，但是他特别喜爱梅花和仙鹤。他常常四处寻访，只要遇到好的梅花品种，不管多贵，都会买回来。闲暇的时候，他便一个人在院子里赏梅玩鹤。他有只仙鹤叫"鸣皋"，如果有客人来访的时候林逋不在，童子便打开笼子，"鸣皋"会飞出去给林逋报信。因此，林逋"梅妻鹤子"的故事流传千古。

2. 宋具柄八字回文镜

此镜直径 10.7 厘米，柄长 9.5 厘米。镜铭篆书 8 字为"河澄皎月波清晓雪"，其中外圈 7 字，"雪"字居中。此镜铭为典型的回文诗句。

回文诗是中国诗歌中的一种独特类型，它利用汉字组词造句的灵活性，将一组文字通过一定的方式排列，来回循环组合，可得若干首诗，是一种饶有兴味的文学样式。此镜为宋代典型的回文诗铜镜。全诗共有十六种不同的组合方式，每种排列组合都有不同的意境。如澄皎月波，清晓雪河；皎月波清，晓雪河澄……

宋辽金镜

3. 宋钱塘徐家镜

此镜直径13厘米,八出菱花形,钮右侧方框内有"钱塘徐家女注青铜镜子"10字。

公元前222年,秦始皇在今杭州地区设置钱唐县。隋朝置杭州,治钱唐。唐朝为避国号讳,改钱唐为钱塘。吴越国建都杭州,于922年置钱江县,与钱塘县同城而治。南宋时,再次建都杭州,钱塘县与仁和县同为临安府治。

此镜铭文有两解:其一,"女注"为人名,是铸造此镜的徐家工匠,不一定为女性。其二,"注"为浇注之意,此镜为"徐家女"所铸。

4. 宋唐明皇游月宫镜

此镜直径 21.1 厘米，钮左侧有一座宏伟华丽的殿宇，钮右为一棵郁郁葱葱的参天古树。钮下方有一座拱桥，桥上有多人行走，右岸边一个戴高冠弯腰作揖的人应该是唐明皇，桥上有持幡接引的侍女，其后有玉兔捣药，桥下河水奔流，左侧祥云缭绕，桥头站有嫦娥，旁有两个持幡侍女。

据《唐逸史》载：唐开元年间，中秋之夜，唐明皇邀请申天师及鸿都道人等一同赏月。众人把酒言欢之际，唐明皇心悦，想到月宫游历一番。于是申天师作法，方士罗公远掷手杖于空中,化作一座银桥,桥对面出现一座城阙,横匾上书:广寒清虚之府。罗公远对唐明皇说:"此乃月宫是也!"唐明皇见仙女数百,婀娜多姿,翩翩起舞于广庭之上。他看得如痴如醉,默记曲调,回到人间后即令官员依此整理出乐谱,即为著名的《霓裳羽衣曲》,至此成为流传千古的佳话。

5. 宋张羽煮海镜

此镜直径18厘米，钮右侧树下有一书生跷腿观侍童以鼎烧火煮水，左侧有龙女及侍女出海而来。

相传秀才张羽曾借寓于东海岸边石佛寺中。一日，他的琴声引来了东海龙宫的琼莲公主，两人志趣相投。琼莲临别赠以龙宫之宝鲛绡帕，暗许婚姻，并相约八月十五在海边相见。谁知琼莲为拒天龙之婚，被龙王关入鲛人洞中。张羽闻信，借助鲛绡帕闯入龙宫求见，反遭天龙之辱，被绑在鲛人洞外化成礁石。琼莲得讯，舍出颌下骊珠救张羽出龙宫。张羽回到人间，得龙母指点至蓬莱岛求仙相助。蓬莱仙姑赠他三件法宝,在沙门岛煮海,烧死天龙,降服龙王,最终成全了张羽和琼莲,让他们喜结良缘。

6. 宋柳毅传书镜

此镜直径 15.3 厘米，钮左侧海边大树下男女二人正在互诉衷肠，男子躬身拱手作别。右侧一童子牵马侍立，其间散置几头小羊。下方有两条大鱼相向而游，波涛汹涌。

此镜表现的故事为"柳毅传书"：唐朝仪凤年间，落第书生柳毅回乡途中路过泾阳，遇见洞庭龙君的小女儿在荒野牧羊。龙女向他诉说了嫁与泾水龙君次子后备受丈夫和公婆迫害的情形，托柳毅带信至洞庭龙宫。柳毅激于义愤，替她传书。

洞庭龙君之弟钱塘龙君勇武过人，带兵战胜泾水龙宫六十万兵将。龙女得救，洞庭龙宫上下对柳毅敬谢不已。钱塘龙君深感柳毅为人高义，要把龙女嫁给他，但因言语傲慢，遭到柳毅严词拒绝。后龙女不忘柳毅之恩，扮作凡间女子嫁入柳家，二人终成夫妇。

铜镜的故事

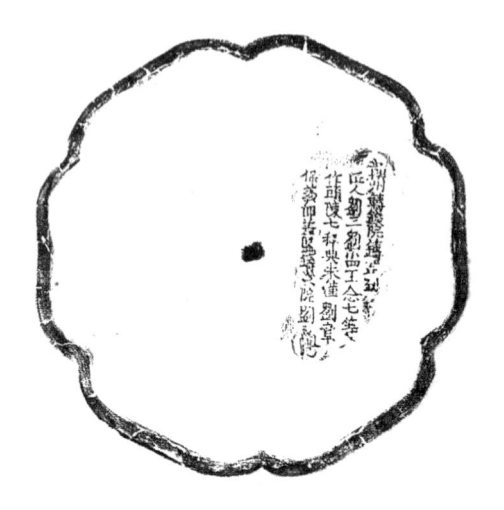

7. 宋赣州铸钱监铸镜

此镜素面，委角葵形，直径17厘米。铭文居钮右，呈四列竖铸格式，为"赣州铸钱院铸造到／匠人刘三刘小四王念七等／作头陈七秤典朱谨刘章／保义郎差监铸钱院刘元（押）"。

赣州地处江西南部，秦时属九江郡，晋太康年间置南康郡，隋改虔州，南宋高宗绍兴二十三年（1153）改虔州为赣州，"取章、贡二水合流之义"。自此赣州地名沿用至今。

自1153年虔州铸造院更名为赣州铸钱院，到1175

年停铸撤并，赣州铸钱院仅仅存在了22年。由于宋时持续钱荒，铜禁不断，铸钱铸器有着严格的管理制度。在此背景下，作为官方铸钱院高利副业的铸镜业，必然是精炼铜材，严控产量和质量，高价牟利。故能留传至今的"赣州铸钱院"署名铜镜数量极少。

此镜既有"赣州铸钱院铸造到"的官方身份标签，又有"匠人刘三刘小四王念七等"三位铸造者的大名，"作头陈七""秤典朱谨刘章""保义郎差监铸钱院刘元"等管理人员铭记和花押居尾，形制规整，内容丰富。"作头陈七"，意即铸镜作坊中的"工头"是陈七，"作头"之称一直沿用至明清时期；"秤典朱谨刘章"，朱谨和刘章应是作坊中具体负责铜镜规格重量的管理者，双人值守，确保铜镜质量合格；"保义郎差监铸钱院刘元"，应是铸钱院铸镜总负责人。"保义郎"是一种武职官阶，在武职五十二阶中，列第五十阶。

铜镜的故事

8. 宋李贤造双龙镜

此镜最大直径 16.2 厘米，外形为六瓣葵花。两龙隔钮相对，各举一爪，爪下有一香炉，炉下有海水纹。左下有铭文印记，内书"李贤制造"。

收藏者们发现，两宋时期出现了大量双龙题材的铜镜，这是为什么呢？有学者认为这与宋太祖、太宗两兄弟相继为帝有关。也有学者认为，"双龙捧炉"象征着道家内丹修炼之道，寓意阴阳和合修得正果，与宋朝道教盛行有关。

宋辽金镜

9. 宋海舶镜

此镜直径 17.4 厘米，八出菱花形。镜背翻滚的海浪上以花叶为点缀，饰以张着大嘴的怪鱼、怪兽；镜钮下部正中一条大帆船行驶于波浪滔天的海上，船头立数人，船尾数人像是在把舵；镜钮上部正中铸刻篆文变体的"煌丕昌天"四字铭。

这面"海舶镜"描绘航海征途，"煌丕昌天"有祈求平安吉祥之寓意。

这类铜镜从一个侧面反映了我国宋金时期航海事业与海上丝路贸易的繁荣景象。1974 年夏天，一艘沉没在泉州湾的古代木帆船被发掘出来,在考古界引发轰动。沉船出土物和科学考证表明这是13世纪泉州造的三桅远洋商船,运载着大量香料、药物及其他商品,在从东南亚归来的途中沉没。它揭开了一段辉煌的历史:宋代造船业和航海业十分发达,造船技术在同一时代领先于世界。1987年8月,有关部门在广东省台山海域意外地发现一条满载中国宋朝瓷器的沉船,被正式命名为"南海1号"古沉船。沉船中打捞出大量精美的文物,除了4000多件陶瓷器,还有漆器、石制品、铁器、铜器、银锭及大量的铜钱。

宋辽金镜

10. 宋玄武镜

此镜直径 18.5 厘米，镜背正中为一道教符箓，符的三面饰相连之星象纹，下饰一龟一蛇。

我国唐代佛法鼎盛，宋时则崇尚道教，此镜中的符箓、星象都为道教元素。符箓指的是用朱笔或墨笔所画的一种点线合用、字图相兼的神秘图案，据说它具备驱使鬼神、治病禳灾等众多功能；而星象学在道教知识体系中一直处于十分重要的地位，无论是神仙体系的构建，还是科仪斋醮，都离不开它。此外，玄武是北方护法神，为龟蛇结合的形象，亦是道教崇拜的对象。此镜中出现了一蛇一龟，蛇身环龟，蛇头与龟首相对，故名"玄武镜"。

11. 宋天师捉鬼镜

此镜正方形，边长9.5厘米。右上为一捉鬼天师形象，左手持剑，右手持铃，须发奋张，怒目圆睁；左侧一鬼作奔逃状，手足纤细无肉。

天师本是黄帝对岐伯的尊称，中医所谓"岐黄之术"，"岐"指的就是岐伯，他应该是最早被称为天师的人。后来道教兴起，人们对道教中的得道祖师，尊称为天师。

张道陵，原名张陵，生于东汉时期，传说是张良的八世孙。张道陵天赋异禀，七岁就能通读《道德经》，二十多岁入深山潜心修道。他后来得到太上老君的亲传，称"三天法师正一真人",创建了"正一盟威道",简称"正一道",又叫"天师道"。

张道陵可以说是道教第一位天师,据称会各种仙法,驱邪诛鬼是他的独门绝技。后来,"天师"几乎成了捉鬼降妖者的代名词,并由此衍生出钟馗捉鬼等种种传说。

12. 宋吴牛喘月镜

此镜直径8.5厘米,圆形,圆钮。钮上方有一弯新月,祥云缭绕,云纹之下有"曹"字圆记。钮下方波涛翻滚,一牛跪卧,回首望月,张嘴喘气。钮左右两侧饰花枝和芦苇。这种图纹的铜镜,一般称为"吴牛喘月镜"或"犀牛望月镜"。

《世说新语》上记载了一个故事:西晋大臣满奋特别怕冷。据说一遇刮风下雨,他就里三层外三层地穿,缩脖子笼手,生怕捂得不严实。一个深秋的早晨,晋帝司马炎派人宣满奋入宫议事。两人谈话的宫殿窗户上装的都是琉璃，锃明透亮。满奋以为窗户上啥也没有，浑身不自在起来，好像外面的冷风已经从窗户刮了进来，钻到了他的衣服里。他心神不安的样子引得司马炎哈哈大笑。满奋明白过来后，红着脸解释道："我就像吴地怕热的水牛，看到月亮以为是太阳，忍不住就喘起气来了。"

13. 宋连生贵子镜

此镜直径9.6厘米，圆形，镜钮左右两童子嬉戏于莲枝上，生动传神。正是"莲叶何田田"，相视笑甜甜。

在中国传统文化中，莲花是圣洁的象征，其谐音"连"，常常出现在各种吉祥图案中。莲花和童子组成的图案通常被称为"连生贵子"，即祝愿多子多福。

宋辽金镜

14. 宋许由巢父镜

此镜直径 15.2 厘米，镜背内区纹饰丰富，组成一幅完整的画面：远处为山，悬崖绝壁，怪石嶙峋。山中、山下点缀着几棵树，空中有彩云缭绕。下部有一条溪流，水中有石露出，左侧有一人坐在岸边，举右手至耳；右侧一人手牵小牛犊，一手前伸。

传说，尧想把帝位让给许由，许由不但拒绝了尧的请求，而且连夜逃进箕山，隐居不出。尧以为许由谦虚，更加敬重，又派人去请他当九州长。不料许由听到这个消息，更加厌恶，立刻跑到山下的颍水边去，掬水洗耳。

铜镜的故事

许由的朋友巢父也隐居在这里,正巧牵着小牛来颍水边饮牛。许由就把情况告诉他。巢父听了,冷笑一声说:"谁叫你在外面招摇,来博取好名声,现在惹出麻烦来了,还洗什么耳朵!别弄脏这清溪玷污了我小牛的嘴!"说着牵起小牛,走向上游去了。

宋辽金镜

15. 金八仙过海镜

　　此镜直径 21.1 厘米。镜背水天相连，上部有两只仙鹤在祥云间飞翔，下部海波起伏，浪花翻卷，水上八位仙人形态各异，持不同法器，飘然过海。素宽缘，上有两处检验刻记，一为"东平府录示司十四号官"及两花押，一为"官记"及一花押。

　　所谓八仙，是指中国民间传说中广为流传的八位道教神仙，他们是铁拐李、汉钟离、张果老、何仙姑、蓝采和、吕洞宾、韩湘子、曹国舅。在成仙之前，他们并非生活在同一朝代。八仙分别代表了男女老幼、富贵贫

贱。关于他们最有名的故事就是"八仙过海":某天,八仙要去东海上某仙岛赴会。面对烟波浩渺的东海,吕洞宾提议大家凭着各自的神通踏浪过海。众仙于是将各自手中的法器投向东海,踏着法器过海。这就是"八仙过海,各显神通"的由来。

宋辽金镜

16.宋王质观弈镜

此镜直径 11.6 厘米，镜背图案的背景是一面山坡。圆钮左上部有二人对弈，中间一人在专心致志地观看；钮右侧一棵大树枝叶茂密；钮下河岸上，左右各有二人，着短褐站立，似乎在边走边谈论山坡上对弈和观弈的人。

相传晋代有个叫王质的樵夫，一次他上山打柴，来到一处洞口。王质心想，人家都说洞里有仙人，我何不进去看个究竟？王质刚进洞，什么也看不见。突然间，洞顶好像透进来一束光线，只见两个老人正在下围棋。王质素好下棋，被两位老人精湛的棋艺给吸引住了。两

位老人好像未发现有人进洞似的,边下棋边吃大枣,有时也顺手把枣递给王质吃。看完一局棋后,老人对王质说:"你也该回家了。"王质俯身去拾斧子,想不到斧柯(斧柄)已经烂朽,只剩下铁质的斧头了。王质回到村里,竟发现一个人也不认识了。向村里人询问起自己的父母,才知道他们已经死去一百多年了。从此后人就把这座山叫"烂柯山"。这便是"观棋烂柯"的故事。

宋辽金镜

17. 宋蹴鞠镜

此镜直径 11 厘米，主体纹饰为四人在进行蹴鞠游戏。圆钮，钮上还铸有假山青草。人物非常生动，活灵活现，是宋代铜镜中的一件精品，且此类镜存量稀少。

蹴鞠又名踢鞠、蹴球等，"蹴"即用脚踢，"鞠"即皮制的球，蹴鞠就是用脚踢球，有直接对抗、间接对抗和白打三种形式，可以说蹴鞠就是中国古代的足球运动。蹴鞠在宋代达到顶峰。中国"四大名著"之一的《水浒传》中，本是无名小卒的高俅就是因为擅长蹴鞠发迹当了太尉。宋朝开国皇帝宋太祖赵匡胤也是蹴鞠爱好者，上海

博物馆收藏的《宋太祖蹴鞠图》,描绘的就是他踢球的场景。宋徽宗赵佶也是著名的球迷,在观看完一场宫女蹴鞠比赛后,还特意写了一首诗。另外,宋代还出现了专门靠踢球技艺维生的足球艺人。现代足球虽起源于英格兰,但踢足球并进行比赛可能还是中国最早。

宋辽金镜

18. 宋气功镜

此镜桃形，高 13.4 厘米，花瓣钮座，钮上有云朵、半月、星辰。钮下草丛中站立一人，全神贯注，观星望月，正在练气功。

图案中练习气功者，一般认为是传说中的"长寿之神"彭祖。据说，彭祖是五帝中颛顼的玄孙。《元和姓纂》载："大彭为商诸侯，以国为姓。"彭祖即大彭，他是大彭国的建立者，活了800年，被视为长寿之神。

147

19. 宋谜语镜

猜谜是民间常见的游戏。在2500多年前的春秋战国时，谜语称"隐语"。此镜桃形，高20.8厘米，长方形印章式方框中间有楷书13字："人有十口，前牛无角，后牛有口走。"左右为篆书联："轩辕维法造丹药，百炼成得者身昌。"下方有四字："辟祸去口。"中部有一牛吃草图案。

这是一枚少见的谜语镜，楷书13字为字谜的谜面：人有十口（十口为"甲"），前牛无角（牛无角为"午"），后牛有口走（牛有口为"告"，加上走即"造"）——谜底为"甲午造"，显示了其铸造的年份为甲午年。

第六章

元明清铜镜

元、明、清是中国古代铜镜发展史上的最后阶段,铜镜无论数量还是质量都不及前代。明朝建立后200多年,社会比较安定,传统手工业逐渐恢复,制镜业也呈现出短暂的繁荣景象。戏剧镜、多宝人物镜、商标铭文镜、吉语铭文镜等品类的镜子数量大大增多,人们更加看重铜镜的实用性。到了清末,随着近代玻璃镜的诞生,铜镜逐渐淡出历史舞台。

1. 元福禄寿镜

此镜圆形，直径 19.9 厘米。以镜钮为中心，右侧松树下端坐一长须仙人（即南极仙翁），旁立一持盘侍女；左侧下方饰小桥流水，一梅花鹿正行至桥上，鹿后为一老者捧尊；左侧上方石门半开，一鹤探首门外。镜背有 3 处铭文："至顺辛未志""洪都章镇何德正造""寓居长沙"。"至顺"是元文宗图帖睦尔的年号，"至顺辛未"即至顺二年（1331）。"洪都"即今江西南昌。

镜中的流水象征"福海"，鹿与"禄"谐音，加上主尊寿星，可谓福禄寿俱全！

中国古代星宿崇拜名目繁多，而最经久不衰的当数寿星，即南极老人星。易学认为，老人星是寿星、吉星、福星，象征天下太平，国泰民安，如意吉祥。道教认为，南极仙翁会在某些时刻驾鹤而来，度化众人，带来吉祥。

元明以来，道教神仙队伍不断壮大，而保佑长寿已是神仙的必备职能。如南极大帝、南斗北斗、十二生肖保命真君、三十六天罡、六十本命甲子神等等，都具保佑长寿的职能。后来明朝政府下令取消自秦汉以来沿袭的国家祭祀寿星制度，寿星完全褪去了政治色彩，成为最具世俗气息的神仙。

2. 元戏台人物镜

此镜镜面直径 11.6 厘米,采用镂空透雕手法,表现了元杂剧的演出盛况。

宋元时期城市经济的发展为杂剧的兴盛提供了充分的物质条件,南北各大城市都出现了作为各种艺术形式集中表演场所的勾栏瓦肆,特别是作为都城的开封、大都、杭州等地。作为有元一代文学的代表,元曲在文学史上获得了和唐诗、宋词并称的地位。元曲包括杂剧和散曲,杂剧是一种歌曲、宾白、舞蹈相结合的舞台艺术,其中最杰出的作品有关汉卿的《窦娥冤》、马致远的《汉

元明清铜镜

宫秋》等。

此镜纹饰的左侧为一位男乐师,怀抱琵琶悠悠而奏;右侧为一正旦(女主角),双手右拱,水袖下垂,正在声情并茂地演唱。静静地观赏这面铜镜,纵然隔了几百年时光,依然能感受到当时戏台的热闹喜庆。

3. 明人物多宝镜

此镜直径 11.2 厘米，元宝钮，高凸卷边。主题纹饰繁缛：最上层为聚宝盆，左右两组犀角，下边有一只展翅飞翔的仙鹤，仙鹤左右为两组祥云。中间层有四个仙人，手捧乐器，似在合奏，左侧二仙之间有珠囊一枚。下层中间有一只瑞兽，两侧各有一个仙人，左侧仙人双手捧宝作进贡状，右侧仙人作舞蹈状。二仙人背后各有银锭一枚，最下侧中间是一组犀角，左右为两朵梅花。

此镜中出现的聚宝盆，是明代民间传说中的宝物。相传明初沈万三成为江南巨富，是因为他有一只聚宝盆。

洪武年间南京建造城门时，地基下陷，明太祖朱元璋知晓此事后令谋士算卦，说是因为城墙地基下有怪兽，专门吃土和城墙砖，需要在城下埋一个聚宝盆来镇压。朱元璋下旨征收沈万三的聚宝盆并埋于城门之下，果然地基不再下陷，城门顺利建成。该门因此得名"聚宝门"。自此在江南汉族的民俗中，聚宝盆成为镇宅之宝！

4. 明薛敬山圆柱平顶镜

此镜直径7.7厘米。圆柱形钮平顶，上有方形楷书印：上面自右向左为"天字一"，下面为竖排的"薛敬山造"，"造"字之下又有两小字"三分"。此类镜明代才有，收藏界与镜学界一直未曾关注。笔者将其定名为"圆柱平顶镜"。

薛家镜为明代湖州镜著名品牌之一。浙江湖州在南宋时确立了全国铜镜生产中心的地位，至明代时继续维持这一地位，只是镜业霸主由石家变为薛家。薛家镜在很长的时期里，经过多代制镜大师的努力，以饼式镜体

元明清铜镜

和圆柱平顶钮为主要形制，制作了一大批素镜。这些素镜无任何图饰，不事浮华，以素雅大方的特质，受到社会的欢迎，为历史留下了一笔艺术财富。"薛敬山"就是此镜铸造者的名字；"天字一"即标榜自家造镜之精属天字第一号；"三分"即铜镜的价格，明码标价三分银。笔者藏圆柱平顶钮镜数百，仅此有"天字一"与"三分"铭文。

5. 明隆庆王云川镜

此镜直径 13.25 厘米，仿汉代博局纹镜。左右各饰铭文一行，连读作"隆庆戊辰三月江西省铸荆溪王云川记"。

明代铜镜中仿古镜占有相当大的比重。明代仿古镜注重铭文，除早期有不带铭文者，其余几乎均带铭文。此镜在仿汉代博局纹镜的地章上錾刻铭文，十分典型。隆庆是明朝第十二位皇帝穆宗朱载垕的年号，隆庆戊辰即隆庆二年（1568）。

元明清铜镜

6. 明万历辛卯镜

此镜直径 12.2 厘米，钮上方有铭文"镜铭：象君之明，日升月恒。拟君之寿，天长地久"。左侧有年款"万历辛卯开化县置"。右侧长方形印记为"薛怀泉造"。

"象君之明，日升月恒。拟君之寿，天长地久"为明清时著名咏镜诗，既表现铜镜制作精美，又赞叹镜主人品行高洁、多福多寿，多见诸湖州薛家铸镜。常见的同类铭镜还有"既虚其中，亦方其外。一尘不染，万物皆备""如日之精，如月之明。水天一色，犀照群伦"等。落款较常见的还有"薛惠公造""薛晋侯造""薛敬河造"等。

7. 明准提菩萨刻像镜

此镜带柄，通长19.4厘米，短柄上有穿。一面刻海水莲花千手准提佛母像，另一面正中刻"准提菩萨"四字，近缘处刻梵文咒文一周。

准提镜是修持准提法的一种法器。根据《七佛俱胝佛母心大准提陀罗尼法》记载，准提镜主要用于设立准提镜坛，如依法修持，准提镜将显示不可思议之神力。将准提镜随身携带或置于宅内，则可镇宅、避凶趋吉。

元明清铜镜

8. 明五子登科镜

此镜直径15.8厘米,钮座外四方有铭文"五子登科",铭文间有四只飞雁。

话说五代后周时期,燕山府有个叫窦禹钧的人,他的五个儿子都品学兼优,先后登科及第,故称"五子登科"。窦禹钧本人也享82岁高寿,无疾而终。当朝太师冯道为他赋诗云:"燕山窦十郎,教子有义方。灵椿一株老,丹桂五枝芳。"《三字经》有"窦燕山,有义方,教五子,名俱扬"的句子来歌颂他。

"五子登科"后来成为中国传统吉祥图案,表达了一般人家期望子弟都能像窦禹钧五子一样获得科考成功的愿望。此类镜在明代特别盛行，或更增加八宝、龙凤呈祥等纹饰内容。

元明清铜镜

9. 清乾隆博局镜

此镜直径 11 厘米,清宫内府造。钮上有铭"乾隆年制",仿汉博局纹,外有一圈铭文带:"炼形神照,璧月腾辉,周天分野,庚袁十二。"铭文带外侧至镜缘还有三层纹饰带。

清代仿古铜镜比明代更精致,而且数量多,并首次出现了宫廷仿制的仿古铜镜。清乾隆皇帝十分喜好古物收藏,编著有《宁寿鉴古》和《西清古鉴》,其中收录了宫内收藏的古铜镜。在他的授意下,内务府造办处照本仿制了一批汉唐铜镜,这些仿制的铜镜质量较高。

总体而言，与明仿古铜镜相比，清仿古铜镜只重形似，而在具体装饰上，常添加新的元素，或随意变化。而宫廷仿制的铜镜，多照本仿制，大致与原器整体造型相似，但棱角分明，厚重压手。

元明清铜镜

10. 清五福捧寿镜

此镜圆形，无镜钮，直径 14.4 厘米，中间绘五福捧寿纹。

五福捧寿是明清时期广为流传的一种吉祥图案。此镜纹饰由五只蝙蝠围着楷书"寿"字构成,寓意多福多寿。蝙蝠之"蝠"与"福"字同音,故以"五蝠"代表"五福"。"五福"是指哪五种运气呢？《尚书·洪范》有解："五福，一曰寿，二曰富，三曰康宁，四曰攸好德，五曰考终命。""攸好德"是"所好者德也"的意思，即遵行美德。"考终命"是指能够寿终正寝，得享天年。